사업이 성공하는 이유는 비슷하지만, 실패하는 이유는 제각기 다르다.

GROWTH PRODUCT

{ 250만 다운로드 프로덕트 공동창업 }　　{ 사업기획서를 완성하는 'How To Do' 템플릿 제공 }　　지은이 이준형

CEO, PM, 기획자를 위한　　　　사업 기획의 5가지 원칙

그로스 프로덕트

프롤로그

혹시 스타십 Starship 이라고 들어보셨나요? '테슬라'의 CEO로 유명한 일론 머스크가 세운 민간 우주 기업 '스페이스 엑스'가 개발하는 로켓인데요. 쉽게 말하자면 아주 크고, 엄청나게 복잡한 물건입니다. 우선 크기가 매우 커요. 완전체 기준 120m거든요. 기존에 가장 큰 크기를 자랑했던 미국 항공우주국 NASA의 로켓 '스페이스 론치 시스템 SLS'보다도 9m 가까이 크죠. 가늠이 잘 안 된다면 아파트 40층 높이의 무언가가 내 눈앞에 있다고 상상해 보세요. 코앞에 서서 보았다면 꼭대기도 잘 안 보였을 엄청난 높이의 물건이 만들어진 거죠. 크기만큼이나 사양도 엄청납니다. 에펠탑을 분해해서 안에 다 넣을 수 있을 만큼 내부 공간이 넓고, 출력도 여타 로켓과는 비교도 안 될 만큼 좋죠. 심지어 한 번 쓰고 폐기해야 했던 기존의 로켓과는 달리 재사용까지 가능합니다. 크고, 쾌적하고, 빠른데 만드는 비용까지 저렴한 로켓이 탄생하는 거죠.

하지만 일론 머스크가 처음부터 이런 규모의 우주선을 만들기 시작했던 건 아닙니다. 심지어 처음에는 로켓을 만들 생각조차 안 했어요. 그저 어느 날, 저 멀리 화성에 온실을 설치해서 식물을 키우는 아이디어를 떠올리게 되었고, 낡은 러시아제 로켓을 구매해 그 계획을 실현하려 했을 뿐이었죠.

일론 머스크는 이 아이디어가 떠오른 즉시 러시아로 떠났는데요. 본인이 생각하는 적당한 가격대의 로켓을 찾지 못해서 빈손으로 돌아와야 했죠.

해결책을 고심하던 그는 '이럴 거면 그냥 만들어버리자'라고 결심하게 됩니다. 조사 과정에서 로켓 제작에 필요한 원자재 비용이 완성된 로켓 가격의 5%도 채 되지 않는다는 사실을 알게 되었거든요. 수년에 걸친 시도와 실패 끝에 일론 머스크는 로켓을 발명하게 되었습니다. 그리고 한동안 '운용할 수 있는 가장 작은 크기의 궤도 로켓'을 제작, 판매, 운영하는 데에 주력했죠. 스페이스 엑스가 설립된 2002년 이후 약 20년 동안, 일론 머스크는 자신의 목표를 이루기 위해 아주 천천히 나아갔던 겁니다.

스타십부터 만들려는 사람들

만약 일론 머스크가 처음부터 화성으로 가는 우주선을 만들려고 했으면 어떻게 되었을까요? 아무런 기술적 기반도, 로켓을 이용하려는 고객의 존재도 확인하지 않은 상태에서 자신의 원대한 계획을 실현하려고 했다면 말이죠. 모르긴 몰라도 결과가 좋지 않았거나, 최소한 회사가 여러 번 크게 휘청였을 거라는 사실은 분명합니다. 거대한 규모의 우주선을 만드는 일은 돈, 시간, 기술 등 어떤 측면에서도 절대 쉽지 않은 일이기 때문이죠.

문제는 이거예요. 이러한 사실을 잘 알고 있음에도 정작 프로젝트가 시작되면 모두가 스타십부터 만들기 위해 애쓴다는 것이죠. 다시 말해, 본인의 꿈과 이상을 실현해 줄 '완성품'부터 만들겠다며 처음부터 시간과 돈과 노력을 쏟아붓는다는 얘기예요. 물론 우리가 아무 생각이나 걱정이 없어서 그러는 건 아닙니다. 오히려 문제와 해결책을 깊게 고민한 뒤라 어느 정도 확신을 하게 된 상태(아니, 이 정도 했으면 이제 됐잖아. 이제 본격적으로 시작해야 하는 거 아니야?)이고, 어설프게 만들어 실패할 바에 제대로 만들어서 시장의 평가를 받는 것이 좋을 것 같다는 생각(얼른 만들었다가 실패하면, 당신이 책임질 거야?)을 하고 있을 가능성이 크죠. 게다가 우리가 준비하는 프로젝트 대부분은 화성으로 보낼 거대한 로켓을 만드는 일보다 작은 규모일 가능성이 큽니다. 굳이 수개월, 수년씩이나 돌아갈 필요가 없다는 생각이 드는 것도 당연하죠.

물론 이런 접근 방식이 좋은 것만은 아닙니다. 우리는 그저 이제 막 그럴듯한 아이디어를 하나 떠올렸을 뿐이니까요. 아이디어는 말 그대로 아이디어일 뿐, 성공 가능성을 확인했다고 보기는 어렵습니다. 그럼 이제 뭘

해야 하냐고요? 내가 가진 아이디어가 정말로 '시장에 먹힐 만한 것'인지 확인해야죠! 이 책을 통해 우리는 아이디어, 즉 '사업 아이템'의 유효성을 검증하고, 이 과정에서 얻은 데이터를 바탕으로 아이디어를 고도화하는 과정을 함께 경험할 겁니다. 책에 담긴 내용을 주의 깊게 읽고, 곳곳에 담긴 실전 예제들을 천천히 채워 나가다보면 내 아이디어가 성공을 향해 거침없이 나아가는 하나의 엄연한 '사업'으로 바뀌어가는 것을 확인하실 수 있을 거예요.

그럼 로켓에 올라탈 준비, 되셨나요?

Contents

프롤로그 ... 02

비전과 목표 01

01. 신사업은 문제 해결의 연속이다 ... 12

1. 성공 가능성을 확인하는 11가지 체크리스트 ... 14
- 사업을 시작할 때 자주 하는 2가지 실수 ... 15
- 성공 가능성을 확인하는 11가지 체크리스트 ... 17
- How To Do 체크리스트로 성공 가능성 확인하기 ... 19

2. 성공의 세로축, 시간 ... 21
- 사업 성공을 위한 공식, S=tp ... 22
- 완벽한 제품을 만드는 5단계 ... 22
- 5단계 과정을 거쳐 성공이란 목표에 도착한 '아마존' ... 24
- How To Do '그 기업'의 5단계 성장 과정 살펴보기 ... 28

3. 성공의 가로축, 사람 ... 29
- 큰 기업을 이긴 '작은' 사업 ... 30
- 사업이 '성공'하는 2가지 조건 : 나(우리), 그리고 고객 ... 32
- 왜 카카오톡은 성공하고 마이피플은 실패했을까? ... 35
- How To Do 사업의 성공 조건 확인하기 ... 38

아이디어 02

02. 1단계 : 비전과 목표 설정하기 ... 42

1. 비전이란 무엇인가? ... 44
- 비전이란 무엇인가? ... 46
- 비전으로 위대한 성과를 이룬 기업들 ... 47
- How To Do 성공한 기업의 비전 엿보기 ... 50

2. 비전 설정을 위한 10가지 질문   51
    How To Do   비전 수립을 위한 10가지 질문에 답하기   54

3. 목표 세우기 : 구체적으로, 달성할 수 있게   56
    어떤 기준으로 목표를 세울 것인가?   58
    How To Do   구체적이고 현실적인 목표 만들기   61

03. 2단계 : 문제를 찾고 아이디어 도출하기   66

1. 문제를 찾을 때 빠지기 쉬운 '함정'   68
    성공한 사업은 뭐가 다를까?   69
    문제가 아닌 것을 문제라고 말하는 사람들   71
    How To Do   문제를 찾은 사업과 찾지 못한 사업 알아보기   74

2. 시장 크기를 통해 성장 가능성 가늠하기   75
    내 아이디어의 크기는 얼마나 클까?   75
    크면 클수록 좋다   76
    빨리 크면 더 좋다   77
    처음부터 클 필요는 없다   77
    시장 규모를 추정하는 방법 TAM, SAM, SOM   78
    시장의 가능성을 확인하는 3가지 방법   80
    How To Do   시장 규모 예측하기   87

출시 & 개선 04

04. 3단계 : 수요 확인하기 — 90

1. '진짜' 수요를 확인하려면 — 92
- "살게요"라는 말은 산 게 아니다 — 92
- 진짜 '문제'를 알아야 성공한다 — 94
- How To Do 수요 확인을 위한 데이터 살펴보기 — 97

2. 수요를 확인하는 첫 번째 방법, 스스로 해보기 — 98
- 골프 선수가 만든 골프 레슨, 펜싱 선수가 만든 펜싱 장비 — 98
- 택시를 기다리다 만든 차량 공유 앱 '우버' — 101
- How To Do 일상 속 문제 & 해결책 발견하기 — 103

3. 수요를 확인하는 두 번째 방법, 물어보기 — 104
- 1,000만 원으로 250만 사용자 모은.ssul — 104
- 드립니다. 원하는 것을, 사심 없이 : 커뮤니티 구축하기 — 107
- 묻습니다. 궁금한 것을, 의도 없이 : 심층 인터뷰하기 — 109
- How To Do 커뮤니티 설계하기 — 114

4. 수요를 확인하는 세 번째 방법, 팔아 보기 — 115
- 안 팔릴 상품을 공들여 만드는 사람들 — 116
- 안 만들어도 팔 수 있다 — 117
- 프리토타입의 8가지 방법 — 119
- 빨리, 싸게 만들어서, 얼른 팔아 보자 — 123
- How To Do 수요 확인할 방법 찾기 — 130

확장 & 성장 05

05. 4단계 : 출시하고, 개선하기 — 134

1. 잘하는 걸 잘 해야 성공한다 — 136
- 나 자신을 알라 — 137
- 이걸 잘/좋아해요, 저건 못/싫어해요 — 141
- 이걸 가졌어요 — 143
- How To Do 우리가 가진 자원 확인하기 — 145

2. 사업이 작동하는 순간, 아하 모멘트   146
    해장국집에서 느낀 '아하 모멘트'   146
    사람들은 '언제' 고객이 될까?   149
    아하 모멘트를 '어떻게' 찾을 것인가?   150
    작게, 빠르게 개선하라   154
    `How To Do` 아하 모멘트 찾기   156

06. 5단계 : 확장하고, 성장하기   160

1. 투자, 꼭 필요할까?   162
    투자의 단계   164
    `How To Do` 투자 유치 시도 여부 결정하기   167

2. 심사 주체에 따른 핵심 키워드 설정 방법   168
    지원 사업의 자금을 유치할 때   169
    기관 투자사의 투자를 받을 때   171
    빨리 준비하세요. 곳간이 마르기 전에   173
    `How To Do` 투자 계획 구체화하기   175

3. 사업계획서를 구성하는 4가지 요소   176
    첫 번째 구성 요소 : 문제   177
    두 번째 구성 요소 : 시장   178
    세 번째 구성 요소 : 제품   180
    네 번째 구성 요소 : 팀   182
    결론 : 그래서 얼마가 필요한데?   184
    `How To Do` 사업계획서 작성하기   186

에필로그   188

STEP

STEP 01
비전과 목표

STEP 02
아이디어

STEP 03
수요 확인

STEP 04
출시 & 개선

STEP 05
확장 & 성장

"성공적으로 시장에 안착한 제품들은 대부분 비슷한 과정을 거쳤습니다.
새로울 것이 없어요. 오히려 너무 새로우면 안 됩니다.
다만 각 과정을 완성도 있게 거치기 위한 '**디테일**'이 더 중요하죠."

신사업은
문제 해결의 연속이다

01

1. 성공 가능성을 확인하는 11가지 체크리스트

> **What To Do**
> - '성공 가능성을 확인하는 11가지 체크리스트'를 살펴보고 현재 부족한 것은 무엇인지 알아본다.
> - 그동안 신사업을 준비하며 내가 한 실수는 무엇이 있는지 생각해 본다.

지금 이 책을 읽고 있는 당신은 아마도 이런 사람일 겁니다. 우선 첫 번째는 사업을 하려는 사람입니다. 스타트업의 '대표님' 혹은 '예비' 대표님이라고 불리는 분들이죠. 두 번째는 '신사업'을 맡아서 주도하게 된 사람입니다. 조직에서 흔히 PM, PO라 불리는 분들이죠. 참고로 PM$^{Product\ Manager}$은 프로덕트 매니저, PO$^{Product\ Owner}$는 프로덕트 오너를 줄인 말입니다. 하나의 프로젝트 혹은 제품, 사업을 관리하거나 총괄하는 사람을 일컫습니다. 회사의 규모나 조직 구조에 따라 명칭은 조금씩 다를 수 있지만 결국 본질은 하나입니다. 바로 '새로운 사업을 시작하고, 그 사업을 통해 성과를 내야 한다는 것' 말이죠.

내가 그 사업을 하고 싶어서 시작하는 것일 수도 있고, 과업으로 시작하는 것일 수도 있습니다. 하지만 두 경우 모두 목표는 같습니다. 새로운 일을 만들어서, 그 일로 수익을 내고, 그 수익으로 자신이 즐겁고 행복해져야 한다는 것 말이죠.

사업을 시작할 때 자주 하는 2가지 실수

사업을 시작하려는 분들을 만나면 대개 이런 식으로 본인의 사업 아이디어를 이야기합니다.

"내가 진짜 좋은 아이디어가 있거든요? … 어때요? 괜찮죠? 잘 될 것 같아요?"
"나한테 이런 기술이 있어요. 이 기술로 창업하면 뭐 좀 될 것 같지 않아요?"

평범하게 사업을 소개하는 말처럼 들리지만 여기에는 크게 2가지 문제가 있습니다. 뭐가 문제일까요? 우선 첫 번째는 구체적이지 않다는 거예요. 누구에게 팔 것인지, 어떻게 팔 것인지 등 구체적인 방향이나 전략이 없어요. 이건 마치 일단 로켓을 만들어서 하늘 위로 쏘아 올리기만 하면 그냥 화성으로 갈 거라 믿는 것과 같습니다. 당연히 그럴 리 없는 데도 말이죠.

두 번째 문제는 제품 혹은 서비스를 '일단' 만들 생각부터 한다는 거예요. 대개 본인의 머릿속에 그리고 있는 제품이 완성만 되면 모든 게 해결될 거라고 생각하죠. 당연히 안 돼요. 처음부터 그렇게 멋진 제품을 만들 수 없을뿐더러, 그렇게 만들려면 시간과 인력, 그러니까 '돈'이 너무 많이 들어갑니다. 회사나 투자사에서 여러분을 믿고 전폭적인 지원을 아끼지 않는다면 가능할지도 모르지만, 우리가 알다시피 그런 경우는 매우 드물어요. 회사의 크고 작음과 관계없이 말이죠. 완성도 있는 제품을 만들기 전 우리가 그 제품에 그만큼의 시간과 노력(이라 쓰고 '돈'이라 읽는)을 들일 필요가 있는지 확인할 필요가 있습니다. 우리는 흔히 이걸 **PMF**, 즉 **프로덕트 마켓 핏**Product Market Fit 을 찾는다고 합니다. 말 그대로 우리가 팔려는 제품Product 이 시장Market 에 잘 맞아떨어지는지Fit 확인하는 과정이죠.

여기까지 말하면 돌아오는 반응도 대개 비슷합니다. "맞아, 그게 문제예요. 내가 아는 어떤 대표님은 말이죠."라며 누군가의 '잘 안 된' 사례를 하나씩 꺼내 놓습니다. 좋습니다. 사례는 많으면 많을수록 좋은 거니까요. 하지만 문제는 정작 일이 시작되면 우리도 똑같은 실수를 한다는 겁니다. 그건 아이디어가 떠오른 순간의 쾌감을 잊지 못해서일 수도 있고, 아직 사업을 해본 경험이 없어서 제품과 서비스의 이면에 담긴 노력 혹은 디테일을 떠올리지 못해서일 수도 있습니다. 또는 들어가는 시간과 비용을 잘못 계산할 수도 있고, 욕심이 과했기 때문일 수도 있습니다. 물론 그건 절대로 잘못된 것이 아닙니다. 사람은 누구나 실수하게 마련이니까요. 하지만 이 책을 읽고 난 뒤에는 달라져야 합니다. 실수를 반복하지 않기 위해 여러분은 이 책을 펼쳤을 테니 말이죠.

> **∷ 사람들이 창업하는 3가지 이유**
>
> 《스타트업 바이블》의 저자이자 미국 MIT 슬론 경영대학원의 교수인 빌 올렛 Bill Aulet 은 사람들이 창업을 결심하는 데에는 크게 3가지 이유가 있다고 말합니다. 첫 번째는 번뜩이는 아이디어가 있는 경우입니다. 그 아이디어를 바탕으로 세상 또는 산업을 혁신하고 싶어 하는 사람들이죠. 두 번째는 기술을 가진 경우입니다. 획기적인 기술을 상용화하거나 진보를 가속화함으로써 자신, 나아가 사회에 긍정적인 영향을 미치고 싶어 하는 사람들이죠. 세 번째는 자신의 열정을 펼치고 싶은 경우입니다. 다른 사람 밑에서 일하는 것을 좋아하지 않고 자신의 역량을 최대한 발휘하기 위해 치열한 노력을 하는 사람들이죠.
>
> 빌 올렛은 어떤 이유로 사업을 결심하든 관계가 없다고 말합니다. 대신 우선 스스로 하나의 질문을 던지고, 그 질문에 대한 자신만의 답을 찾아야 한다고 말하죠. 어떤 질문이냐고요? 바로 '내가 지치지 않고, 즐기며, 잘 할 수 있는 일이 무엇인가'라는 질문입니다. 어떤가요. 당신은 이 질문에 대한 답을 찾았나요?

성공 가능성을 확인하는 11가지 체크리스트

그럼 우리는 초기 아이디어 단계에서 무엇을 고려해야 할까요? 저는 최소한 '이것'부터 확인해 보라고 말씀드리고 싶어요. 바로 국내 콘텐츠 스타트업인 'EO'가 트위치의 공동창립자이자 '와이콤비네이터' 파트너인 마이클 세이벨 Michael Seibel의 강연을 11가지 체크리스트로 정리한 것입니다. 아, 와이콤비네이터가 뭐냐고요? 2005년에 설립된 미국의 스타트업 투자사입니다. 실리콘밸리의 하버드라 불릴 정도로 높은 인지도와 영향력을 지닌 조직이죠. 11가지 체크리스트는 다음과 같습니다.

성공 가능성을 확인하는 11가지 체크리스트
1. (제품/서비스가) 어떤 문제를 해결하는지 1~2문장으로 설명할 수 있나요?
2. 그 문제를 본인이 경험해 본 적 있나요?
3. 문제 해결을 구체적으로 시작할 수 있나요?
4. 현실적으로 해결할 수 있는 문제인가요?
5. 고객 또는 사용자가 누구인지 명확하게 정의할 수 있나요?
6. 고객 또는 사용자를 발견하기 수월한가요? 그들에게 다가가기 쉬운가요?
7. 이 문제를 고객 또는 사용자가 얼마나 자주 겪나요?
8. 고객의 해결 욕구가 얼마나 강한 문제인가요?
9. 제품이 별로여도 그걸 쓰려는 '절박한' 고객 또는 사용자는 누구인가요?
10. 그 문제를 해결하는 데 고객 또는 사용자가 돈을 지불할 의사가 있나요?
11. MVP가 사용자의 문제를 정말 해결해 주고 있나요?

그렇다면 이 체크리스트에 답하는 게 어떤 의미가 있을까요? 여러분이 지금 생각하는 좋은 아이디어는 대개 자신이 필요하다고 느끼는 것 혹은 주변 지인들이 그 아이디어를 듣고 괜찮다고 할 만한 것일 가능성이 큽니다. 그런 접근 자체가 반드시 잘못된 건 아니에요. 어찌 됐든 그건 누군가 그 제품을 필요로 한다는 신호가 될 수 있으니까요. 하지만 그것만으로 새로운 사업을 결심하고, 시작하는 건 위험합니다. 모수가 너무 적고, 또 내가 아이디어를 이야기할 정도로 가까운 주변의 사람이라면 나와 같은 결을 가진 사람일 가능성이 매우 크니까요.

그뿐만이 아닙니다. 당장 내가 해결할 수 없는 문제(*전 세계의 환경오염 문제를 한 번에 끝낼 수 있는 신기술을 개발하겠어!*)일 수도 있고, 문제를 해결하고 싶긴 하지만 사용자가 돈을 지불할 의사까진 없는 문제(*굳이 그거 쓰는 데 돈까지 내야 해?*)일 수도 있죠. 즉, 고객의 필요와 생각은 빼놓고 신사업을 시작하려는 겁니다.

아이디어가 떠올랐을 때 이 11가지 체크리스트를 모두 통과할 수 있는지 꼼꼼하고 세심하게 검토해 보세요. 만약 단 하나도 빠짐없이 통과한다면 지금 당장 자리를 박차고 나가서 그걸 하세요. 완벽한 제품이 세상에 나오기 위해서 여러분을 기다리는데 고작 이 책이나 읽으려고 시간을 쏠 필요 없습니다. 시장의 필요를 만족시키고, 고객이 돈 낼 의사가 충분한 아이템을 찾았는데 두려울 게 뭐가 있겠어요. 도전해 보는 거죠. 만약 모두 통과하지 못했다면 어떻게 해야 하냐고요? 이 책을 끝까지 함께하며 지금 가진 아이디어를 더 좋은 방향으로 발전시켜 나가면 됩니다. 그럼 확인해 볼 준비되었나요?

How To Do

체크리스트로 성공 가능성 확인하기

▶ 템플릿 : bit.ly/4962Yuh

1. (제품/서비스가) 어떤 문제를 해결하는지 1~2문장으로 설명할 수 있나요?

_____

2. 그 문제를 본인이 경험해 본 적 있나요?

_____

3. 문제 해결을 구체적으로 시작할 수 있나요?

_____

4. 현실적으로 해결할 수 있는 문제인가요?

_____

5. 고객 또는 사용자가 누구인지 명확하게 정의할 수 있나요?

_____

6. 고객 또는 사용자를 발견하기 수월한가요? 그들에게 다가가기 쉬운가요?

_____

7. 이 문제를 고객 또는 사용자가 얼마나 자주 겪나요?

_____

8. 문제가 얼마나 강력하고 밀도 높은 문제인가요?

_____

9. 프로덕트가 별로여도 그걸 쓰려는 절박한 고객 또는 사용자는 누구인가요?

_____

10. 그 문제를 해결하는 데 고객 또는 사용자가 돈을 지불할 의사가 있나요?

_____

11. MVP가 고객 또는 사용자의 문제를 정말 해결해 주고 있나요?

_____

2. 성공의 세로축, 시간

> **What To Do**
> - 시장의 성공 공식(S=tp)에 추가로 필요한 요소는 없을지 생각해 본다.
> - 좋아하는 기업 혹은 잠재적 경쟁자라고 생각하는 기업을 선정한 다음 그 기업이 어떤 식으로 5단계 과정을 거쳐 성장했는지 알아본다.

혹시 중고등학교 시절에 배운 F=ma라는 공식, 기억하시나요? 17세기 영국의 과학자 아이작 뉴턴^{Sir Isaac Newton}이 발표한 3가지 운동법칙 중 두 번째에 해당하는 공식인데요. 이 공식은 1687년, 뉴턴이 출간한 《자연철학의 수학적 원리^{Mathematical Principles of Natural Philosophy}》, 줄여서 프린키피아^{Principia}라 불리는 책에서 소개한 뒤 세상을 이해하는 원리로 자리잡았습니다. 잠시 학창시절 기억을 되살려 볼까요? 이 공식은 '가속도의 법칙'이라고 불립니다. 여기서 F는 물체에 가해지는 힘^{Force}, m은 질량^{Mass}을 가진 물체, a는 힘을 받은 물체가 가진 가속도^{Acceleration}를 뜻합니다. 즉, '힘을 받은 물체는 가속한다'는 것이 이 공식에 담긴 의미라고 볼 수 있어요.

사실 우리가 중고등학교 시절에 배운 공식은 F=ma 하나만이 아니에요. 수학 시간에는 근의 공식, 지수 법칙 같은 것도 배웠고요. 윤리 시간에는 "나는 생각한다. 고로 나는 존재한다." 같은 명제도 배웠죠. 개인적으로 저는 이런 공식들을 '아름답다'고 표현해요. 복잡하디 복잡한 세상의 일들을 책 한 줄, 심지어는 알파벳 몇 개로 모두 설명할 수 있으니까요.

사업 성공을 위한 공식, S=tp

이런 공식은 비단 교과서에만 존재하는 것이 아닙니다. 사업 성공에도 공식이 있습니다.

$$S=tp$$

대체 이게 뭐냐고요? 각 요소를 나누어 살펴볼게요. 뉴턴의 운동법칙을 하나씩 풀어본 것처럼 말이죠. 우선 S는 성공^{Success}을 뜻합니다. t는 타임^{Time}, 즉 시간을 뜻하고요. p는 사람^{People}을 의미하죠. 다시 말해 '성공을 하려면 (성공을 쟁취하기 위한) 시간이 필요하며 (동시에 그 사업을 실행하고 소비할) 사람이 있어야 한다'는 이야기입니다.

물론 사업이 성공하기 위해서는 시간과 사람 외에도 많은 요소가 필요합니다. 아이디어를 실행하기에 충분한 자금도 있어야 하고요. 실행 결과가 좋은 방향으로 흘러가는 운도 있어야 하죠. 하지만 그중에서도 가장 중요하고 반드시 필요한 것 2가지만 꼽으라면 **시간**과 **사람**입니다. "버티는 놈이 이기는 놈"이라거나 "인사^{人事}가 만사^{萬事}"라는 말이 괜히 있는 게 아니거든요.

완벽한 제품을 만드는 5단계

앞서 살펴본 공식에서 S, 즉 성공을 이루는 요소인 사람과 시간을 가로축과 세로축으로 나누어 정리하면 다음과 같은 표를 도출할 수 있습니다.

사람 \ 시간	비전 설정	아이디어 도출 (문제 찾기)	수요 확인	출시 및 개선	확장 및 성장
나 (우리)	(스스로) 질문하기	내 주변의 문제 찾기	(잘/못, 좋/싫) 이해하기	(가진 것을) 확인하기	자금 마련하기
고객 (시장)	(깊이) 이해하기	시장 크기 확인하기	물어보고 팔아 보기	아하 모멘트 찾기	

우선 가로축만 간단하게 설명할게요. 가로축은 '시간'입니다(여기서 '간단하게' 설명하는 이유는 우리가 앞으로 이 시간의 흐름에 맞춰 자연스럽게 신사업 준비 과정을 해나갈 것이기 때문이에요.). 시간을 조금 더 풀어서 말하면 '될 만한 신사업 아이템을 찾아 성장시키는 과정'이라고 할 수 있어요. 이 과정은 크게 5단계에 걸쳐 진행됩니다. 다음과 같이 말이죠.

1. 비전 설정
2. 아이디어 도출
3. 수요 확인
4. 출시 및 개선
5. 확장과 성장

대단하거나 새로운 내용은 아닙니다. 분명 '이게 뭐야?' 싶은 분도 있을 거예요. 당연합니다. 우리는 신'사업(事業)'을 하려는 거지 '신(新)'사업을 하려는 게 아니니까요. 인류 역사상 성공적으로 시장에 안착한 모든 제품은 이 과정을 거쳐 시작하고 또 성장했습니다. 새로울 것이 없어요. 오히려 너무 새로우면 안 됩니다. 각 과정을 완성도 있게 거치기 위한 '디테일'이 훨씬 더 중요하죠.

5단계 과정을 거쳐 성공이란 목표에 도착한 '아마존'

이 5단계를 거쳐 실제로 어떻게 성장하는지 성공한 기업의 예를 함께 살펴보죠. 바로 '아마존 Amazon'입니다. 1994년에 창립한 아마존은 초기부터 '세상에서 가장 고객 중심적인 회사가 되는 것'을 미션이자 비전으로 내세웠습니다. 이들은 이 비전에 적합한 신사업 아이디어를 물색했어요. 그리고 첫 번째 아이템으로 책을 온라인에서 파는 '인터넷 서점'을 선정했습니다. 신제품의 출시 주기가 빠르고, 검색 구매 빈도가 높은 상품이라는 게 그 이유였죠.

물론 처음부터 지금과 같은 규모의 대규모 판매가 이루어진 것은 아니었어요. 서비스가 출시된 1995년은 인터넷도, 아마존이라는 서비스도 초창기였으니까요. 차근차근 성장했습니다. 우선 한정판, 절판본 같은 희귀 도서 위주로 판매하며 서비스의 '수요 있음'을 확인했고요. 이후 출판사들을 하나하나 설득하며 판매 DB를 구축해 나가기 시작했죠.

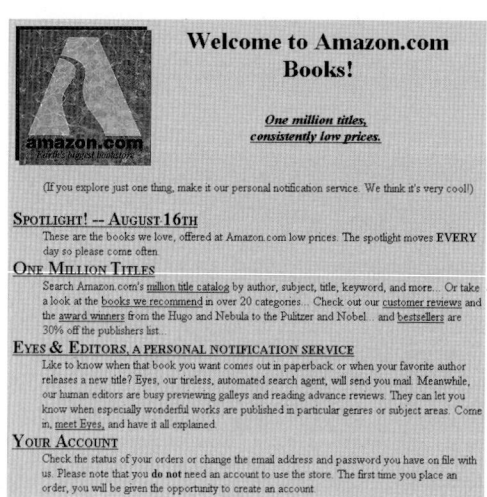

초기 '아마존'의 웹 페이지 (출처 : versionmuseum.com/history-of/amazon-website)

아마존이 자랑하는 배송 서비스도 하루아침에 만들어진 게 아닙니다. 초기만 해도 시애틀에 위치한 작은 사무실 지하에 조그만 창고를 만들고, 아내를 포함한 직원들이 돌아가면서 포장과 발송 업무를 담당했거든요. 아마존 구성원들은 서비스를 진행하며 원활한 물류의 중요성을 다시 한 번 확인하게 되었고, 이후 매출의 상당 부분을 물류 시스템 구축에 투자하게 됩니다. 더불어 출시 이후 아마존은 '최저가' 정책을 꾸준히 고수했습니다. 심지어 그냥 둬도 잘 팔리는 베스트셀러나 신간까지 큰 폭으로 할인 판매했어요. 자신들의 비전인 '고객 중심주의'를 실현하는 방법 중 하나였죠.

아마존의 여정이 여기서 끝났다면 우리는 아마 이 회사를 기억하지 못했을 겁니다. 하지만 이들은 멈추지 않았어요. 책을 넘어 음악, 비디오, 장난감, 가전제품, 소프트웨어 등 다른 물품들을 판매하며 종합 온라인 상거래 기업으로 성장했고요. 이후에는 AWS^{Amazon Web Service}, 알렉사(아마존 인공지능) 같은 인프라 사업으로도 발을 넓히며 규모를 확장해 나갔습니다. 그리고 그 결과 아마존은 미국 주식 시장에서도 시가총액 최상위권을 꾸준히 유지하는 거대 기업으로 성장할 수 있었죠.

> :: 아마존의 'Day1'
>
> 아마존은 창사 이래로 지금까지 꾸준히 'Day1 정신'을 강조해 왔습니다. 그 내용은 1997년 제프 베이조스^{Jeff Bezos}가 보낸 주주서한에 담겨 있죠. 그 내용 중 일부를 잠시 살펴보도록 하겠습니다.
>
> 주주 여러분에게
>
> 1997년에 아마존닷컴은 많은 성과를 이루었습니다. 올 연말 즈음이면 아마존의 고객 수가 150만 명을 돌파합니다. 작년보다 838% 증가한 14억 7,800만 달러의 매출을 올릴 것이며, 어려운 경쟁을 이겨내고 시장의 지배력을 확대해 나갈 것입니다.

하지만, 어쩌면 지금은 고작 첫 번째 날에 불과할지도 모릅니다. 인터넷 세계도 그렇고, 만약 우리가 잘하고 있다면 아마존에게도 말이죠. (중략) 우리가 바라보는 시장에는 엄청난 기회가 존재합니다. 리스크가 없을 거라고는 생각하지 않습니다. 경쟁사와 맞서기 위해서는 대규모 투자와 빠른 실행이 필요합니다. 모든 전략은 장기적 관점입니다.

(중략) 장기적 관점을 강조하기 때문에 때때로 다른 기업과는 다른 방식으로 의사결정 하기도 할 것입니다. 따라서 우리는 기본적인 경영 방식과 의사결정 과정을 다음과 같이 공유합니다. 주주분들께서는 여러분의 투자 철학과 우리의 방식이 일치하는지 아실 수 있을 것입니다.

- 우리는 끊임없이 치열하게 고객에게 집중할 것입니다.
- 단기적인 수익이나 증권가의 반응을 신경 쓰기보다는, 장기적인 시장 지배력 강화의 관점에서 투자 결정을 지속할 것입니다.
- 우리의 사업을 측정하고, 투자의 효과에 대한 분석을 지속할 것입니다. 유의미한 수익이 나지 않는 사업을 포기하고, 성과가 좋은 사업에 투자를 늘리는 일을 계속할 것입니다. 우리는 우리의 성공과 실패를 통해 배워 나갈 것입니다.
- 시장 지배력으로 인한 수익성이 충분하다고 예상될 때 우리는 공격적으로 투자할 것입니다. 어떤 투자 결정은 성공적일 것이고, 또 어떤 것은 그렇지 않을 겁니다. 하지만 우리는 어떤 경우라도 가치 있는 배움을 얻을 것입니다.
- 장부상 최적의 밸런스와 미래 현금 흐름의 가치 극대화. 둘 중 하나를 골라야 한다면 우리는 후자를 택할 것입니다.
- 경쟁이 치열한 시장으로 진출하는 등 무언가 큰 결정을 내려야 할 때 장기 관점에서 우리가 좋은 결정을 하는지 여러분도 판단하실 수 있도록 우리의 전략적 사고과정을 공유하겠습니다.
- 린(Lean) 문화를 위해 현명하고 치열하게 노력할 겁니다. 저비용을 지향하는 문화를 지속적으로 강조할 계획입니다. 특히 순손실이 발생할 수 있는 비즈니스에서는 말이죠.
- 성장을 통한 장기 수익성과 현금흐름 관리라는 2가지 목표를 균형 있게 가져가고자 합니다. 단, 현재는 우리의 사업 모델을 성장시키는 데 규모가 중요하다고 믿고 있기 때문에 성장에 우선순위를 두고 있습니다.

> - 다재다능하고 유능한 직원들을 채용하고 유지하는 데 계속적으로 집중할 것입니다. (중략) 우리는 우리의 성공이 열정 있는 직원들을 얼마나 끌어들이고 붙잡아 두느냐에 영향을 받는다고 생각합니다. 그 직원들은 반드시 주인처럼 생각해야 합니다. 아니, 실제로 주인이어야겠죠.
>
> — 제프 베이조스의 주주서한 중

더불어 이 5단계 과정은 성공의 세로축인 '사람'의 두 요소와 결합되어 성공을 향해 나아가는 힘을 가지게 됩니다. 다음 장에서는 그 내용이 무엇인지를 함께 살펴보겠습니다.

How To Do

'그 기업'의 5단계 성장 과정 살펴보기

▶ 템플릿 : bit.ly/4962Yuh

좋아하는 혹은 잠재적 경쟁사라고 생각하는 기업의 5단계 과정을 살펴보세요.

1. 비전 설정 - '그 기업'은 어떤 비전을 가지고 사업을 시작했나요?

---

2. 아이디어 도출 - '그 기업'은 어떤 식으로 사업화 아이디어를 도출했나요?

---

3. 수요 확인 - '그 기업'은 어떤 방식으로 시장의 수요를 확인했나요?

---

4. 출시 및 개선 '그 기업'은 어떤 비전을 가지고 사업을 시작했나요?

---

5. 확장과 성장 - '그 기업'은 이후 어떤 방향으로 사업을 확장했나요?

---

3. 성공의 가로축, 사람

> **What To Do**
> - 성공하는 사업의 2가지 조건을 충족해 성공한 사례와 반대로 조건을 만족하지 못해 실패한 사례를 생각해 본다.
> - 지금 내가 준비하는 사업이 성공하기 위해서는 어떤 조건이 부족한지 생각해 본다.
> - 독점의 조건을 살펴보고 진입하려는 시장의 지배자는 누구며 그들이 간과하고 있는 점이 있는지, 있다면 무엇인지 생각해 본다.

"행복한 가정은 모두 모습이 비슷하고, 불행한 가정은 모두 제각각의 불행을 안고 있다."

이 문장은 러시아의 대문호인 레프 톨스토이 Lev Nikolayevitch Tolstoy 의 소설 《안나 카레니나》의 첫 구절인데요. 워낙 유명한 문장이라 소설의 제목을 딴 법칙도 하나 만들어졌어요. 바로 '안나 카레니나의 법칙'입니다. 행복한 가정이 유지되려면 부부 간의 사랑이 유지되어야 하는 것은 물론이고, 이밖에도 경제력, 건강, 종교관, 교육관 등 여러 부분에서 대립이 없어야 한다는 거예요. 모든 조건이 탁월해야 한다거나, 부부의 의견이 100% 일치해야 한다는 얘기는 아닙니다. 다만, 이러한 조건들이 모두 일정 수준이 되어야 한다는 거죠. 반대로 불행한 가정이 만들어지는 건 여러 조건 중 하나만 어긋나도 충분합니다. 구성원 중 한 명이 도박을 한다거나, 경제적으로 어려워지거나, 큰 병에 걸리거나, 외도를 한다면? 그날로 가정이 파괴되거나 구성원 모두가 불행에 빠지게 되죠. 즉, 행복은 불행을 초래하는 수많은 요인을 모두 피할 때 가능하다는 것이 '안나 카레니나의 법칙'에 담긴 핵심 내용입니다.

성공의 세로축을 이야기한다더니 갑자기 웬 가정의 행복 타령이냐면, 사실 안나 카레니나의 법칙은 우리 일상 곳곳에서 살펴볼 수 있어요. 우선 학교에서 공부 잘 하는 친구들은 대부분 이유가 비슷합니다. 교과서 위주로 공부하고, 수업 시간에 선생님 말씀 잘 듣고, 기출문제 꼼꼼하게 풀어보고, 오답 노트를 잘 정리하는 식이죠. 반면, 공부 못 하는 친구들은 이유가 제각각입니다. 누구는 친구 때문에 못하고, 누구는 부모님 때문에 못하죠. 선생님이랑 사이가 안 좋은 경우도 있고, 난독증이나 ADHD와 같은 질병이 있어서 어려운 경우도 있어요. 그러니까 '공부 잘 하는 이유는 모두 비슷하고, 공부 못 하는 이유는 제각기 다르다'고 할 수 있죠.

큰 기업을 이긴 '작은' 사업

때는 2010년, 세상에 2개의 앱이 출시되었습니다. '카카오톡'과 '마이피플'이라는 앱이었죠. 사실 당시만 하더라도 모바일 애플리케이션은 우리나라 사람들에게 익숙한 개념이 아니었어요. 당시 아이폰은 고작 1년 전인 2009년 9월에야 한국에 출시되었고, 2010년 말에도 스마트폰의 전체 보급률은 14% 정도에 불과했죠.

그런 상황에서 시장의 미래를 눈치 챈 기업들이 있었습니다. 신생 스타트업인 '아이위랩' 그리고 국내 2위 포털 업체인 '다음커뮤니케이션'이었죠. 두 기업 모두 PC 환경에서 모바일 환경으로 IT 시장의 판도가 바뀔 거라는 사실을 예측한 거예요. 두 회사는 재빠르게 준비를 거쳐 같은 종류의 앱을 냈습니다. 바로 앞서 말한 카카오톡과 마이피플이었죠.

카카오톡은 그해 3월에 출시되었고 마이피플은 2개월 뒤인 5월에 론칭했어요. 두 달 늦게 출시되었지만, 마이피플은 더 많은 장점이 있었습니다. 안드로이드와 iOS 버전을 둘 다 빠르게 지원했고요. PC에서도 쓸 수 있었습니다(참고로 카카오톡은 2010년 8월에야 안드로이드 버전을 지원했고, PC 버전은 윈도우 기준 2013년 6월에야 론칭합니다.). 심지어 데이터를 이용한 무료 전화도 가능했어요. 규모가 큰 기업에 만들었다 보니 충분한 자금을 활용해 광고도 열심히 돌렸습니다. 당시 제일 잘 나가던 걸 그룹 소녀시대를 모델로 출연시켰고요. "카카오는 말을 못 해."라는 문구까지 써가며 경쟁사를 강력하게 견제했죠.

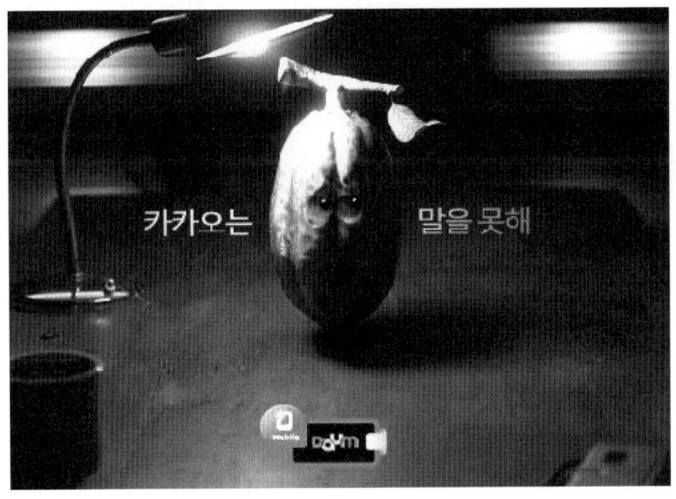

2011년 다음 커뮤니케이션에서 진행한 TV 광고 이미지

두 기업은 비슷한 시기, 비슷한 아이템으로 서비스를 냈습니다. 게다가 그중 한 곳은 당시 기준으로 국내 2위 포털 업체였죠. 다윗과 골리앗의 경쟁은 결과가 자명해 보였어요. 카카오톡은 사라지고, 마이피플이 살아남는 그런 구도 말이에요. 하지만 두 기업이 낸 서비스의 앞날은 사람들의 예상과 정반대였습니다. 카카오톡은 폭풍 성장했고, 마이피플은 흥행에 실패한 끝에 서비스를 종료했죠. 심지어 몇 년 뒤, 카카오로 이름을 바꾼 아이위랩은 마이피플 제작사인 다음커뮤니케이션과 합병하고 우회상장까지 성공했습니다. 도대체 어떤 점이 달랐기에 카카오는 남들이 얻지 못한 엄청난 성과를 얻을 수 있었던 걸까요?

사업이 '성공'하는 2가지 조건 : 나(우리), 그리고 고객

안나 카레니나의 법칙을 '사업 버전'으로 다시 한 번 되새겨 보죠.

"사업이 성공하는 이유는 모두 비슷하고, 사업이 실패하는 이유는 제각기 다르다."

성공하는 사업은 모두 다음의 2가지 조건을 충족합니다.

첫째, 고객이 원하는 것을 만든다.
둘째, 나 또는 우리가 잘 하고 꼭 하고 싶은 것을 한다.

즉, 우리가 앞서 살펴본 성공의 공식, $S=tp$의 세로축을 충족해야 성공할 수 있다는 이야기이죠. 2가지 조건을 조금 더 구체적으로 살펴볼게요.

첫 번째 조건, "고객이 원하는 것을 만든다."는 말은 고객의 진짜 문제를 찾고, 그 문제를 해결해 주어야 한다는 뜻입니다. 이 원칙에 사업의 크고

작음은 전혀 관계가 없습니다. '애플'은 쓰기 편하고 아름다운 스마트폰을 만들어 수익을 내고, '네이버'는 대한민국 모든 국민이 쓰는 검색 포털을 만들고 이를 바탕으로 여러 부가 사업을 확장했죠. 지금 제가 원고를 쓰기 위해 앉아 있는 의자를 만든 회사는 일상생활에 유용한 가구를 판매해서 돈을 벌고요. 모니터 아래에 놓인 명함을 제작한 충무로의 어느 인쇄소는 언제 어디서든 디자인 파일을 업로드할 수 있는 서비스를 최초로 시작해 수많은 디자이너들을 열광하게 했죠. 우리의 신사업도 마찬가지예요. 고객은 자신의 문제를 가장 적절하고 합리적으로 해결해 줄 때 지갑을 엽니다.

두 번째 조건인 "나 또는 우리가 잘 하고, 꼭 하고 싶은 것을 한다."는 사업의 지속 가능성과 폭발력을 결정하는 요소입니다. 애플이 뜬금없이 만두 장사를 하면 어떨까요? 아니면 만둣가게 사장님이 스마트폰을 출시한다면? 엉뚱하게 들리겠지만 실제로 신사업을 준비하는 분 중에는 이런 경우가 많습니다. 특히 그 시기에 유행하는 아이템을 그대로 사업화하려는 경우가 많아요. 음식에 재능이 전혀 없는데 대왕 카스테라 가게를 연다거나, 디저트를 좋아하지도 않으면서 탕후루 가게를 여는 경우가 대표적이죠. 카페나 음식점뿐만이 아니에요. IT 분야에서도 요즘 잘 나간다는 서비스를 모방하는 경우가 많습니다. 2020년대 초, 거의 모든 외주 개발사가 최소 한 번 이상 '당근 같은' 앱을 만들었다는 웃지 못할 이야기가 있을 정도입니다.

사업은 절대로 만만한 과정이 아닙니다. 계획은 늘 틀어지고, 예상하지 못한 변수와 매일 마주하게 되죠. 이런 과정을 감수할 수 있을 만큼 그 일을 잘 하고, 또 좋아하지 않는다면 성공이라는 목적지에 가기도 전에 고꾸라지고 말 겁니다.

이 두 가지 요소 외에 상황에 따라 성공 조건이 하나 더 추가되기도 합니다. 바로 "경쟁자보다 뛰어나야 한다."는 조건이죠. 빠른 성장세로 해당 시장의 경쟁이 매우 치열하거나, 이미 절대적 우위를 차지한 경쟁자가 존재할 때 추가되는 조건입니다.

저희 동네에는 유명한 곱창전골집이 있어요. 그 주변으로 일종의 낙수 효과를 얻어 보려는 전골집도 두 군데나 문을 열었는데요. 늘 원조집만 문전성시를 이룹니다. 저는 남들이 좋다는 걸 곧이곧대로 못 믿는 성격이라 세 집 음식을 모두 먹어봤습니다. 다 먹고 난 뒤 그 이유를 명확하게 알 수 있었습니다. 이유는 간단했습니다. 당연히 '맛'이었죠. 원조집이 제일 맛있더라고요. 다른 집과는 확연히 다르다고 할 수 있을 만큼 말이죠. 그 결과, 다른 두 집 중 한 집은 얼마 전 문을 닫고 말았어요. 물론 남은 한 집도 여전히 파리만 날리고 있고요.

우리는 우리가 사업을 영위하는 분야에서 최고가 되어야 합니다. 최고가 되지 못하더라도 최소한 고객이 우리 제품을 선택할 '뛰어난 요소' 하나 이상은 꼭 갖추고 있어야 하죠.

아이템이나 시장 상황, 팀이 나아가고자 하는 방향에 따라 중요도는 조금씩 다를 수 있지만, 위 요소 중 어느 하나라도 부족하면 성공하지 못한다는 사실은 변하지 않습니다. 부족한 이유가 외적인 요소인지, 내적인 요소인지 관계없이 말이죠. 좋은 아이템을 발굴했음에도 시장 상황이 받쳐 주지 않아 실패하는 경우도 있고요. 내가 하고 싶지 않은 사업을 시작해 결국 중도 포기하기도 하죠. 이를 두고 《아이디어 불패의 법칙》의 저자 알베르토 사보이아Alberto Savoia도 비슷한 이야기를 했어요.

> 성과나 결과는 대개 다수의 핵심 요소 간의 상호작용에 따라 결정된다. 따라서 성공적 결과를 얻으려면 모든 핵심 요인이 적합하거나 적합한 방향으로 전개되어야 한다. (중략) 반면에 실패하려면 그 많은 핵심 요인 중에 딱 하나만 잘못되면 된다. 딱 하나만!
>
> — 알베르토 사보이아

왜 카카오톡은 성공하고 마이피플은 실패했을까?

그러면 왜 카카오톡은 성공하고, 마이피플은 실패했을까요? 2010년, 스마트폰 사용자들은 메신저 앱에서 무엇을 원했을까요? 아마도 크게 2가지였을 거예요. 첫째, 피처폰 시대에 보편적으로 사용했던 문자메시지 기능을 '무료'로 사용할 수 있을 것. 둘째, 언제, 어디서든, 누구와도 '연결'될 수 있을 것.

카카오톡과 마이피플은 이 문제를 거의 비슷한 수준으로 해결했습니다. 무료로 쓸 수 있었고, 데이터만 있다면 언제, 어디서든 사용 가능했죠. 하지만 딱 하나가 달랐어요. 바로 '누구와도 연결될 수 있을 것'이라는 조건 말이죠. 두 달 먼저 세상에 나온 카카오톡은 경쟁 앱이 나오기 전 빠르게 사람들을 연결해 나갔습니다. iOS 버전 사용자를 대부분 선점했고, 그해 8월에는 안드로이드 버전을 출시하며 사용자를 더 빠르게 늘려 나갔죠. 한창 때는 하루에 10만 명 넘게 신규 가입자가 생겨났어요. 주변 사람 모두가 카카오톡을 쓰니 나도 카카오톡을 써야 하는 상황이 됐습니다. '네트워크 효과'가 발휘된 거예요. 그뿐만 아닙니다. IT 분야에 대한 이해도와 열정이 높은 사람들이 모여 서비스를 만들었고, 경쟁 앱들이 잘 신경 쓰지 않았던 기능 외적인 편의성도 높았죠.

반면 마이피플은 당시 카카오톡이 해결하지 못한 여러 문제를 해결해 주었지만, 본질적인 문제를 해결하지는 못했습니다. 답장 없는 메신저 앱, 받는 사람 없는 무료 통화 기능은 고객이 원하는 문제 해결 방식이 아니었어요. 그 결과 서비스는 점점 더 외면받게 되었고 결국 실패했죠.

> **:: 독점의 조건**
>
> 《독점의 기술》의 저자 밀렌드 M. 레레Milind M. Lele는 어떤 비즈니스가 해당 시장에서 독점적인 지위를 차지하기 위해서는 3가지 조건을 동시에 충족하는 상황을 찾아야 한다고 말합니다. 첫 번째는 '수요의 출현'입니다. 무언가를 누군가에게 제공받고 싶어 하는 대규모의 고객이 있어야 한다는 거예요. 두 번째는 '기존 서비스 제공자가 타성에 젖은 상태'여야 합니다. 이미 큰 매출을 내는 회사들이 고객들의 문제를 효율적으로 혹은 비용을 덜 들이는 방법으로 제공하지 않는 상태를 말하죠. 세 번째는 '새로운 능력'을 가지고 있어야 합니다. 수요와 공급의 불균형을 이익이 남는 쪽으로, 그러니까 고객이 기꺼이 지갑을 열도록 만드는 방법을 그려 낼 줄 알아야 한다는 거죠.
>
> 이 3가지 조건을 카카오톡의 성공 사례에 적용해 보죠. 당시에는 스마트폰의 빠른 보급으로 데이터에 기반한 무료 메신저 서비스를 제공받고 싶어 하는 대규모의 고객이 발생(조건1)했습니다. 또한 휴대전화 메시지 시장에서 독점적인 지위를 누리고 있던 통신사들은 '왓츠앱'과 같은 무료 메신저 서비스가 해외에서 큰 인기를 끌고 있다는 사실을 알고 있었지만, 당시 짭짤한 수익을 내주던 유료 문자메시지 서비스를 포기하지 못하는 상태(조건2)였죠. 마지막으로 카카오톡을 만든 초기 멤버들은 이러한 상황을 감지하고 메신저 기능을 무료로 제공하되 이후 대규모로 확보한 사용자를 바탕으로 매출을 발생시키는 전략을 구상할 줄 아는 사람들(조건3)이었습니다.
>
> 지금 여러분이 진입하고자 하는 시장은 어떤 시장인가요? 그리고 그곳에는 위 3가지 조건 중 몇 가지 조건이 갖추어져 있나요?

마이피플도 다음이 잘 하는 'IT 분야' 아니었냐고요? 경쟁 앱인 카카오톡보다 뛰어난 점도 많지 않았냐고요? 물론 그렇죠. 그걸 부정할 수는 없어요. 하지만 이 질문에 대해서는 구체적인 대답 대신 다시 한 번 안나 카레니나의 법칙 신사업 버전을 되새겨 보면서 마무리하는 게 좋을 것 같습니다.

"사업이 성공하는 이유는 모두 비슷하고, 사업이 실패하는 이유는 제각기 다르다."

How To Do

사업의 성공 조건 확인하기

▶ 템플릿 : bit.ly/4962Yuh

1. 만들려는 제품 또는 서비스는 '고객이 원하는 것'인가요?

---

2. 우리가 하려는 일은 우리가 잘하는 일인가요?

---

3. 우리의 역량은 경쟁사보다 뛰어난가요?

---

4. 우리가 하려는 비즈니스가 신사업 성공의 조건을 '모두' 만족하는지 살펴보세요. 모두 만족하지 않는다면 어떻게 보완할지 어떤 방향으로 선회할지 함께 생각해 보세요.

STEP

STEP **01**
비전과 목표

STEP **02**
아이디어

STEP 03
수요 확인

STEP 04
출시 & 개선

STEP 05
확장 & 성장

"내가 어떤 목적을 가지고 살아가야 하는지 스스로 삶을 정의해야 하는 것처럼, 우리 조직을 앞으로 어떤 **목적**이나 **방향**으로 운영해야 할지 정의해야 합니다. 어린아이가 길을 찾을 때처럼 좌충우돌하는 모습을 지켜보고 기다려 줄 수 있다면 좋겠지만, 현실은 그 정도로 만만하지 않습니다."

1단계:
비전과 목표 설정하기

1. 비전이란 무엇인가?

> **What To Do**
> - '비전'을 토대로 성공한 기업은 어떤 곳이 있는지 생각해 본다.
> - '비전'을 토대로 성공한 기업의 비전 선언문을 읽어보고, 참고해야(본받아야) 할 내용은 무엇이 있는지 생각해 본다.

사업을 위해 우리가 가장 먼저 준비해야 할 건 **비전**과 **목표**입니다. 본격적인 과정에 들어가기 전, 인터넷에서 본 그림부터 하나 소개할게요. '우리가 생각하는 장투(장기투자)'라는 그림인데요. 우리가 생각한 주식 투자의 모습과 실제 모습이 얼마나 다른지 알려 주는 그림입니다. 참고로 제 주식은 저기 바닷속 어딘가에 잠겨 있는 것 같네요.

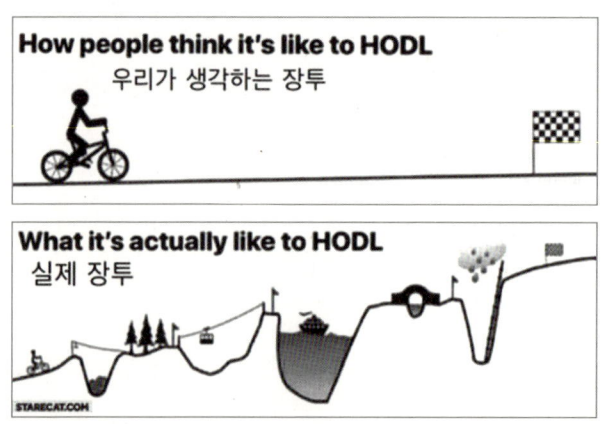

제가 이 그림을 가져온 이유는 사업을 해내는 과정도 이와 크게 다르지 않기 때문입니다. 사업에 도전하는 사람들은 대부분 시작부터 꾸준하고 안정적인 성장을 기대합니다. 그리고 이를 통해 남부럽지 않게 성공한 자신의 모습을 떠올리죠. 하지만 그런 일은 쉽게 일어나지 않을 거라고 믿는 것이 정신 건강에 훨씬 더 이롭습니다. 험난한 산과 거친 파도, 아무도 살아남지 못할 것 같은 거친 폭풍우를 헤치고 나아가야 가까스로 목표한 바의 근처라도 다다를 수 있죠. 아, 물론 이것도 운이 좋았을 때의 이야기입니다. 있는 고생 없는 고생 다 했는데 이전보다 못한 상태가 될 수도 있고, 예기치 못한 사건 사고를 만나 회복 불가능한 상태로 접어드는 경우도 많아요. 실제 장투가 그런 것처럼요.

실제로 중소벤처기업부에 따르면 국내 기업의 창업 후 5년 뒤 생존률은 약 30%에 불과합니다. 그러니까 10개의 사업 중 7개는 성공, 실패 여부를 떠나 생존조차 어렵다는 뜻이죠. 그럼에도 불구하고, 우리는 이 일의 끝을 봐야 합니다. 그게 내가 원해서 시작한 일이든, 누군가의 지시나 요청으로 시작한 일이든 관계없이 말이죠.

이렇게 유쾌하지도 않고 무난하지도 않은 일을 끝까지 해내려면, 그러니까 갖은 고난을 다 이겨내고 성공이라는 열매를 얻으려면 어떻게 해야 할까요? 여러분 혹은 회사에 돈이 아주 많아서 구덩이와 낭떠러지를 다 메우고 올라갈 수도 있고, 누군가의 무한한 선의로 우리가 '상상'하는 장투의 길을 가게 될 수도 있을 겁니다. 물론 그런 경우는 많지 않아요. 거의 없다고 보는 편이 맞죠. 우리는 그저 고난과 역경을 다 이겨내고 한발씩 나아가야 합니다. 그게 그저 우리에게 주어진 유일무이한 성공의 방정식이니 말이죠.

그 힘들고 어려운 과정을 이겨낼 수 있도록 만드는 힘은 **비전**에서 나옵니다. 비전은 마치 방향지시등과 같습니다. 만약 사업을 이끄는 사람이 아무런 비전 없이 제품을 만들고 있다면 또는 구성원들이 비전에 공감하지 못한 채 그저 주어지는 대로 일하고 있다면 큰 비극입니다. 길고 긴 길에 놓인 수많은 함정과 구렁텅이를 넘지 못하게 될 테니까요.

비전이란 무엇인가?

그럼 비전이란 대체 무엇일까요? 비전은 '우리가 궁극적으로 가고자 하는 방향 또는 추구하는 바에 대한 답'입니다. 비전을 정의한다는 것은 '팀 또는 회사의 존재 이유를 찾는 과정'이에요. 20세기 프랑스의 철학자인 장 폴 사르트르 Jean Paul Sartre 는 이런 말을 했습니다. "실존은 본질에 앞선다." 즉, 어떤 인간도 목적이나 이유를 가지고 태어나지 않았다는 거예요. 본인 의사와는 관계없이 일단 태어났고, 이후에 체계적인 교육과 보살핌을 받고 다양한 경험을 하면서 나름의 정체성을 찾아가죠. 그 과정에서 자신이 잘하는 것, 좋아하는 것을 파악하며 본인의 나아갈 길을 정하게 되고요.

만약 여러분이 그 길을 잘 정했다면 행복한 삶을 살게 될 겁니다. 남들이 뭐라고 해도, 그 길이 아무리 길고 험난해도 말이죠. 반대로 아무런 목적 없이 살아간다더라도 운이 좋으면 부자가 될 수도 있고, 남들이 부러워하는 삶을 살 수 있을지도 몰라요. 하지만 그런 삶을 사는 사람이 자신의 길을 가는 사람보다 행복할 가능성은 낮을 거예요. 예상치 못한 문제가 생길 때마다 크게 휘청거릴 가능성도 크죠. 자신이 그 일을 왜 하는지, 왜 그런 삶을 살아야 하는지 전혀 고민하지 않고 지내왔으니까요.

회사나 팀도 마찬가지예요. 내가 어떤 목적을 가지고 살아가야 하는지 스스로 삶을 정의해야 하는 것처럼, 우리 조직을 앞으로 어떤 목적이나 방향으로 운영해야 할지 정의해야 합니다. 어린아이가 길을 찾을 때처럼 좌충우돌하는 모습을 지켜보고 기다려 줄 수 있다면 좋겠지만, 현실은 그 정도로 만만하지 않습니다. 실패를 최소화할 수 있도록 팀 또는 회사를 조직하는 단계에서부터 비전을 설계해 나가야 합니다.

비전으로 위대한 성과를 이룬 기업들

스티브 잡스 Steve Jobs 는 1985년에 잠시 '애플'을 떠났습니다. 그래픽과 마우스로 조작할 수 있는 최초의 컴퓨터 '애플 리사'가 실패한 데다, 자신이 선임한 전문경영인과의 권력 다툼에서도 패배했기 때문이죠. 하지만 잡스가 떠난다고 애플에 답이 있는 건 아니었어요. 애플은 이후에도 이렇다 할 히트 제품을 내놓지 못했고, 90년대에 접어들며 부도 위기에 처하게 됩니다.

결국, 1997년 스티브 잡스가 애플의 경영자로 복귀합니다. 잘 나가던 '픽사'의 대표이사 역할을 내려놓고 말이죠. 당시 애플은 회생이 불투명한 상태였어요. 잡스는 새로운 전략을 선택해야 했습니다. 그가 선보인 전략은 "세상에서 가장 멋진 제품을 만들자."라는 초기의 비전을 다시 전면으로 내세우는 거였죠. 광범위하게 펼쳐진 사업을 정리하고 꼭 필요한 영역에 집중하기로 했고요. 제품군도 축소하기로 했습니다. 그리고 여러분이 아시다시피 산업을 넘나드는 비즈니스 모델을 구축했죠.

:: Think Different

스티브 잡스는 1997년 8월 보스턴 '맥 월드 콘퍼런스'의 기조 연설을 위해 무대에 올랐습니다. 그리고 그 마지막 순간을 애플의 새로운 슬로건을 보여 주는 데 할애했죠. "다르게 생각하라(Think Different)." 엄밀히 따지면 문법도 맞지 않는 표현이었지만 그마저 사람들을 열광시키는 요소로 작용했죠. '세상에서 가장 멋진 제품을 만들자.'라는 것이 애플의 비전이라면 '다르게 생각하라.'라는 구호는 누구를 위해 그런 제품을 만들 것인가에 대한 스티브 잡스 그리고 애플 구성원들의 답이라고 할 수 있습니다.

미친 사람들을 위해 건배합시다. 이들은 부적응자, 반항아, 문제아, 사각형 구멍에 박힌 둥근 못 같은 사람들입니다.

이들은 세상을 다르게 봅니다. 규칙과는 도무지 친해질 생각이 없고, 현상 유지에 매달리는 것을 경멸하죠. 당신은 이들의 말을 따를 수도 있고, 또 이들의 의견에 반대할 수도 있습니다. 그들을 영웅이라고 부를 수도 있고, 악당이라고 부를 수도 있습니다.

하지만 여러분은 절대로 이들을 무시할 수 없습니다. 왜냐면 이들이 세상을 바꾸기 때문입니다. 이들은 발명하고, 꿈을 꾸고, 세상을 치유합니다. 탐험하고, 창조하며, 영감을 주죠. 또, 이들은 인류가 한 걸음 나아가도록 만듭니다.

아마도 이들은 미칠 수밖에 없던 건지도 모릅니다.

미치지 않고서야 비어 있는 캔버스를 바라보면서 그토록 멋진 그림을 상상할 수도 없었을 테고, 침묵 속에 앉아 한 번도 들어본 적 없던 음악을 써 내려갈 수도 없었을 테니까요.

우리는 이들을 위한 도구를 만듭니다.

세상이 그들을 미친 사람이라고 부를 때, 우리는 천재를 봅니다. 왜냐면 충분히 미친 사람만이 스스로 세상을 바꿀 수 있다고 믿기 때문입니다. 또 실제로 그들이 세상을 바꾸기 때문입니다.

- 스티브 잡스의 '맥 월드 콘퍼런스' 기조 연설 중

결과는? 모두가 아는 그대로입니다. 여러 방면으로 '혁신'을 이뤘죠. 우선 휴대폰 비즈니스를 완전히 재창조했어요. 수익도 엄청났습니다. 한때 해당 분야의 전 세계 시장 수익 75%를 점유했죠. 출시된 지 20여 년이 지난 지금도 아이폰은 프리미엄 스마트폰 시장을 60% 이상 점유한 모델입니다. 그뿐만 아닙니다. 유통 비즈니스를 새롭게 창조하면서 애플 스토어에서 발생하는 단위 면적당 이익은 웬만한 명품 패션 브랜드를 앞섰고요. 음악 산업의 구조를 바꿔 월마트의 음반 판매량을 단숨에 추월했죠. 컴퓨터 산업도 재창조했습니다. 한때 고가 컴퓨터 시장 점유율의 90%까지 차지했고, 현재도 데스크톱 시장과 노트북 시장 모두에서 높은 수준의 점유율을 기록하고 있죠.

비전으로 성과를 이룬 또 다른 기업의 예로 'IBM'이 있습니다. IBM은 "시장에서 가장 진보된 IT 기술을 개발하고 발전시키며 이를 고객가치로 변환시킨다."라는 비전으로 시작한 기업입니다. IBM은 초기에 PC나 서버 기반의 하드웨어를 판매하면서 사업을 성공적으로 안착시켰죠.

하지만 시장 상황이 변하기 시작합니다. 수많은 경쟁 업체들이 생겨났고, 기술 발달의 방향과 속도 또한 이전과는 달라지기 시작했죠. IBM도 변화를 시도했습니다. 모든 걸 바꾸기로 했습니다. 비전 빼고 말이죠. 우선 우수한 제품으로 두터운 팬층을 보유하고 있던 PC 브랜드 '싱크패드'를 '레노보'에 매각했고요. 하드웨어 중심의 비즈니스 모델도 하드웨어와 소프트웨어, 시스템 설계, 컨설팅 등을 맞춤형으로 제공하는 토털 솔루션 모델로 변경했죠. 변화는 성공적이었습니다. 현재 빅데이터, 인공지능 같은 차세대 IT 기술의 선도주자로 발돋움하고 있죠.

물론 비전이 있다고 모두 성공하는 것은 절대로 아닙니다. 확고한 비전에도 불구하고 망하는 회사도 많죠. 하지만 애플이나 IBM의 경영진이 회사의 비전을 따르지 않았다면 그리고 함께하는 동료들이 그 비전에 공감하지 못했다면 두 회사 모두 지금의 성공을 일구지 못했으리라는 건 확실합니다.

How To Do
성공한 기업의 비전 엿보기

▶ 템플릿 : bit.ly/4962Yuh

1. '비전'을 토대로 성공한 기업 찾기 : 책, 인터넷 기사 등을 통해 자신들만의 '비전'을 토대로 성공한 기업의 사례를 살펴보세요. 그들의 비전에는 어떤 '특별함'이 있었는지 적어 보세요.

2. 비전 선언문 읽기 : 1에서 찾은 기업의 비전 선언문을 읽고, 참고할 만한 문장 혹은 내용을 적어 보세요.

2. 비전 설정을 위한 10가지 질문

⊢ What To Do ⊣
- 비전 수립을 위한 10가지 질문에 답해 본다.
- 우리만의 비전을 만들어 본다.

    그럼 비전은 어떻게 세워야 할까요? 전문가마다 비전을 설정하는 방법론은 조금씩 다르지만, 그들이 던지는 거의 모든 질문이 '나'와 '우리'에서 시작해 '고객'으로 끝난다는 사실은 크게 다르지 않습니다. 조직의 구성원들이 모여 다음 질문에 함께 답해 보세요. 만약 모두가 모이기 어려운 규모 혹은 구조라면, 일종의 대의 민주주의 체계를 만드는 것도 방법입니다. 주요 이해관계자들이 모여 이야기를 나누고, 이를 팀원들과 공유하며 내재화하는 거죠.

비전 수립을 위한 10가지 질문

1. 당신은 무엇을 하는 사람인가?
2. 당신은 어떤 능력을 가졌는가?
3. 당신 삶에서 가장 소중한 것은 무엇인가?
4. 당신이 정말로 하고 싶은 것은 무엇인가?

5. 우리의 강점은 무엇인가?
6. 우리가 경쟁사 또는 경쟁 팀과 다른 점은 무엇인가?
7. 우리는 어떤 목표를 가지고 있는가? 그리고 그 목표는 왜 중요한가?
8. 우리는 이 사업을 통해 어떤 가치 또는 이익을 얻을 수 있는가?
9. 고객에게 어떤 변화를 만들어 주어야 할까?
10. 고객에게 우리는 어떤 모습일까?

더불어서 비전은 너무 좁거나 구체적이지 않아도 된다는 점을 명심하세요. 말 그대로 '비전'이니까요. 야심과 전략이 담겨 있고, 당장의 사업 분야가 아닌 보다 광범위한 분야와 목표를 포괄해서 작성하는 것이 좋습니다. 조금 더 빠른 이해를 돕기 위해 유명 기업들의 비전을 모아봤습니다.

- **나이키(NIKE)** 인간의 잠재력을 끌어낼 수 있는 모든 것에 도전한다.
- **링크드인(LINKEDIN)** 전 세계 모든 경제 인구를 위한 경제 기회를 창출한다.
- **이케아(IKEA)** 고객뿐만 아니라 동료와 협력업체에서 근무하는 사람들에게 더 나은 생활을 만든다.
- **구글(Google)** 전 세계의 정보를 체계화하여 모두가 편리하게 이용하도록 한다.

비전을 정립하는 과정에서 주의해야 할 것은 한 사람 혹은 일부 그룹의 의견이 너무 강하게 반영되지 않아야 한다는 겁니다. 최대한 많은 사람이 자유롭게 이야기하고, 이를 바탕으로 비전을 설정해야 해요.
마지막으로 한 가지 더 기억해야 할 점은 비전은 결코 불변하는 진리가 아니라는 사실입니다. 개인도 성장하면서 생각과 가치관이 조금씩 달라지는 것처럼, 조직이 성장함에 따라 조직의 비전도 얼마든지 바뀔 수 있습니다. 물론 비전을 바꿀 때는 모든 구성원이 공감할 수 있는 방향이어야겠죠. 비전이란 회사가 성장함에 따라 함께 발전하고 업데이트되는 문장입니다.

How To Do
비전 수립을 위한 10가지 질문에 답하기

▶ 템플릿 : bit.ly/4962Yuh

비전 수립을 위한 10가지 질문에 답해 보세요.

1. 당신은 무엇을 하는 사람인가요?

_____

_____

2. 당신에게는 어떤 능력이 있나요?

_____

_____

3. 당신 삶에서 가장 소중한 것은 무엇인가요?

_____

_____

4. 당신이 정말로 하고 싶은 것은 무엇인가요?

_____

_____

5. 우리의 강점은 무엇인가요?

_____

_____

6. 우리가 경쟁사 또는 경쟁 팀과 다른 점은 무엇인가요?

7. 우리는 어떤 목표를 가지고 있나요? 그 목표는 왜 중요한가요?

8. 우리는 지금 신사업 과정을 통해 어떤 가치/이익을 얻을 수 있나요?

9. 고객에게 어떤 변화를 만들어주어야 할까요?

10. 고객에게 우리는 어떤 팀일까요?

▶ **비전 만들기**
답변한 내용을 바탕으로 비전을 만들어 보세요.

3. 목표 세우기 : 구체적으로, 달성할 수 있게

What To Do
- 우리의 현재 상황에 걸맞은 목표를 수립한다.
- AARRR의 내용을 살펴보고, 현재 우리 단계에 적합한 지표를 찾는다.

    다음으로는 **목표**를 세울 차례입니다. 목표란 '비전을 달성하기 위해 합의한 수치'를 말합니다. 목표를 세울 때 중요한 점이 2가지 있습니다. 바로 구체적이고 현재 수준에서 달성 가능해야 한다는 것입니다.

    먼저 '구체적이어야 한다'라는 말은 목표가 명확하게 숫자로 나타나야 한다는 뜻입니다. 가령, 우리가 애플리케이션을 하나 론칭했다고 생각해 보죠. 팀원들이 한데 모여서 세운 이번 분기 목표가 '우리 앱을 많이 알린다'라면 어떨까요? 문제가 생길 수밖에 없어요. '많이'가 어느 정도 수치인지, 어떻게 그 목표를 달성해야 할지 합의가 이뤄지지 않았기 때문입니다.

    누군가는 우리 앱이 100만 다운로드쯤은 되어야 잘 된 거라고 할 거고요. 또 다른 누군가는 1만 다운로드만 되어도 충분히 잘 된 수치라고 생각할 거예요. 또 어떤 사람은 다운로드 수가 아닌 SNS의 해시태그 수로 목표의 성공 여부를 판가름할 수도 있을 겁니다. 달성하려는 수치가 제각각이니 전략이나 방향도 각기 다를 수밖에 없고 당연히 업무도 효율적으로 돌아가지 못할 겁니다. 심지어는 서로에게 실망하거나 비난할 수도 있죠.

이런 혼란과 비효율을 막기 위해서라도 구체적인 목표를 세우고 이를 달성하기 위한 전략을 수립해야 합니다. 취합 가능한 데이터를 기준으로 어떤 수치를 달성할 것인지 명확하게 지표를 설정해야 합니다.

또 다른 중요한 점은 현실적인 목표를 세워야 한다는 겁니다. 가령 이제 막 애플리케이션을 출시했고, 팀원도 몇 명 없는데다 예산도 한정적인 상황에서 '무조건 한 달 안에 100만 다운로드를 달성해야 한다'고 외친다면? 당연히 팀원들은 힘이 빠져버리고 말 겁니다. 아무리 열심히 해도 그 목표는 달성하지 못할 테니까요. 예산, 인력, 시간 등 우리가 현재 가진 자원은 얼마만큼이고, 이를 어떻게 활용할 것인지 깊이 있게 논의한 뒤 달성 가능한 수준의 최대치를 목표로 설정하는 것이 좋습니다. '이 정도면 해볼 만하네. 조금만 더 열심히 하면 되겠어!'라는 느낌이 들도록 말이죠.

하지만 이 2가지 조건보다 더 중요한 건 목표가 비전 달성을 위한 하나의 과정이어야 한다는 겁니다. 우리가 사업을 하는 이유는 '이번 분기를 잘 넘겨야 한다'거나 '그럴듯한 지표를 만들기 위해서'가 아니에요. 물론 투자 유치 같은 특별한 이벤트가 있다면 지표를 아주 신경 쓰지 않을 수는 없겠죠. 하지만 궁극적으로는 깊은 골짜기와 폭풍우 치는 바다를 건너 '성공'이라는 최종 목적지를 향해 가기 위해서예요. 그리고 비전은 우리를 그 목적지로 데려다줄 등대가 되어 줄 거고요. 비전이 이끄는 방향을 벗어난다면 우리는 길을 잃고 우왕좌왕할 수밖에 없습니다. 한발씩 나아가되 반드시 그 빛이 여러분을 비추는 방향으로 발걸음을 옮기세요.

어떤 기준으로 목표를 세울 것인가?

그렇다면 무엇을 기준으로 목표를 세우는 것이 좋을까요? 여러 방법이 있지만 대표적으로 **AARRR**이라 불리는 지표를 많이 활용합니다. AARRR은 미국의 투자사인 '500 스타트업'의 설립자 데이브 맥클루어 Dave McClure가 개발한 분석 프레임워크로, 사업 초기 단계의 서비스 상태를 가늠하는 도구입니다. 수없이 쏟아지는 데이터 가운데 꼭 필요한 지표에만 집중할 수 있다는 것이 특징이죠.

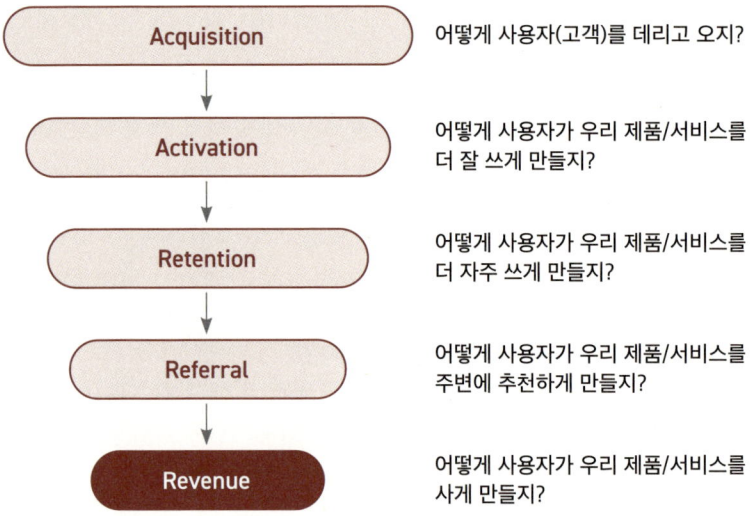

AARRR이라는 이름은 Acquisition(획득), Activation(활성화), Retention(유지), Referral(추천), Revenue(수익)의 앞 글자를 따서 만들었습니다. 사용자 획득부터 수익에 이르기까지 전 과정을 구체적인 데이터로 확인하는 기법이죠. 5개의 단어가 뜻하는 바는 다음과 같습니다.

Acquisition(획득) 사용자 '획득'에 관한 지표를 말합니다. 제품을 시장에 선보여 안정화 작업이 마무리된 뒤 공격적인 마케팅을 해야 할 때 집중하는 것들이죠. 주로 DAU ^{Daily Active Users, 하루 동안 우리 제품을 사용한 사람의 수}, MAU ^{Monthly Active Users, 한 달 동안 우리 제품을 사용한 사람의 수}, NRU ^{New Registered User, 일정 기간 등록된 신규 사용자의 수} 등을 활용하여 측정합니다.

Activation(활성화) 획득한 사용자의 제품 '활성화'에 관한 지표를 말합니다. 사용자가 제품을 이용하기 전 이탈하는 비율은 얼마나 되는지, 이용을 시작했다면 우리 제품에 얼마나 긍정적으로 반응하는지 등을 통해 파악할 수 있죠. 첫 페이지에서 서비스를 종료한 비율인 Bounce Rate(반송률) 등을 통해 측정할 수 있습니다.

Retention(유지) 사용자의 '유지' 여부에 관한 지표를 말합니다. 즉, 우리 제품을 얼마나 꾸준히 사용하는지 확인할 수 있는 데이터이죠. 리텐션은 제품의 장기 존속 여부를 판가름할 수 있는 매우 중요한 지표입니다. 만약 유지율이 낮다면 제품 리뉴얼과 같은 여러 시도를 통해 수치를 끌어올릴 필요가 있습니다.

Referral(추천) 사용자가 얼마나 자발적으로 우리 제품을 '추천'하는지에 관한 지표를 말합니다. 하루에도 수없이 많은 제품이 출시되는 시장에서는 지인 또는 인플루언서의 추천은 가장 강력한 이용 동기가 됩니다. 주로 SNS 채널에서 이루어지는 공유 횟수와 빈도 등을 통해 측정할 수 있습니다.

Revenue(수익) 우리 제품에서 발생하는 '매출'에 관한 지표를 말합니다. 매출, 즉 수익 모델은 제품의 존속에 필요한 '단 한 가지 기준'이라 해도 과언이 아닙니다. 제품마다 수익을 판단하는 지표는 다르지만, 사용자 또는 잠재 사용자의 전환율을 높여야 한다는 사실은 같습니다.

이처럼 AARRR은 대부분 제품의 윤곽을 구체적으로 설정한 뒤 세워야 하는 지표들로 구성되어 있습니다. 물론 어떤 제품을 만드는지, 어떤 단계에 있는지에 따라 지표가 조금씩 다를 수밖에 없습니다. 현재 나와 우리 팀이 어떤 단계에 있는지, 다음 단계로 넘어가기 위해 어떤 목표를 현실로 만들어야 하는지 고민해 보길 바랍니다.

How To Do
구체적이고 현실적인 목표 만들기

▶ 템플릿 : bit.ly/4962Yuh

AARRR 설정하기

AARRR의 내용을 다시 한 번 살펴보고, 현재 우리 단계에 걸맞은 지표는 무엇이 있는지 적어보세요. (지금 단계에서 반드시 5가지 지표를 모두 설정할 필요는 없습니다. 가령 아직 유료 판매를 하고 있지 않은 베타 서비스 단계라면, Revenue 항목을 제외한 나머지 항목의 지표만 설정하면 되는 거죠.)

1. Acquisition : 사용자의 '획득' 정도를 확인할 수 있는 지표는 무엇이 있나요?

---

2. Activation : 사용자의 제품 '활성화' 정도를 확인할 수 있는 지표는 무엇이 있나요?

---

3. Retention : 사용자의 제품/서비스 이용 유지에 관한 지표는 무엇이 있나요?

---

4. Referral : 사용자의 자발적 '추천'을 확인할 수 있는 지표는 무엇이 있나요?

---

5. Revenue : 우리 제품 또는 서비스에서 발생하는 '매출'에 관한 지표는 어떤 것이 있나요?

STEP

STEP 01
비전과 목표

STEP 02
아이디어

STEP 03
수요 확인

STEP 04
출시 & 개선

STEP 05
확장 & 성장

"대부분의 실패는 '문제가 아닌 것을 문제라고 믿어서' 발생합니다."

2단계:
문제를 찾고 아이디어 도출하기

1. 문제를 찾을 때 빠지기 쉬운 '함정'

> **What To Do**
> - 고객의 문제를 정확히 찾아 성공한 사례를 알아본다.
> - 나 또는 우리는 실패 사례를 만든 사람들과 같은 함정에 빠지지 않았는지 스스로를 되돌아본다.

우리는 앞서 여러 기업의 사례를 살펴보면서 비전과 목표를 설정했습니다. 하지만 비전과 목표만 있다고 해서 사업이 성공하거나, 유의미한 결과를 얻을 수 있는 것은 아닙니다. 결국 우리의 제품을 만들어야 하고 그 제품을 시장에 내보여야 해요. 그래야 성공 혹은 실패 여부를 확인할 수 있기 때문이죠.

그런 의미에서 **아이디어 도출** 과정은 사업을 만들어 나가는 첫 번째 단계라고도 할 수 있습니다. 아이디어를 도출한다는 건, 조금 더 쉽게 말해 고객의 '문제'를 찾는 과정이라고 할 수 있습니다. 단순히 재밌어 보이는 것을 찾는 것이 아니라 해결만 된다면 고객이 기꺼이 주머니를 열 만큼 절박한 문제를 찾는다는 뜻이죠.

하지만 우리는 때때로 나 스스로 만든 함정에 빠져 실패하는 길을 향해 성큼성큼 나아가곤 합니다. 대체 어떤 함정에 빠진 걸까요? 이번 장에서는 여러 성공, 실패 사례를 살펴보고 이를 통해 우리가 어떤 실수에서 해방되어야 하는지 확인해 볼 겁니다.

성공한 사업은 뭐가 다를까?

첫 번째 사례인 '튜터링'이라는 서비스를 살펴보겠습니다. 튜터링의 사업 아이디어는 창업자인 김미희 대표 본인이 겪은 문제에서 시작되었습니다. 김미희 대표는 2006년부터 약 10년 동안 삼성전자 무선사업부에서 모바일 서비스 기획과 UX 디자인 업무를 맡으며 해외 매니저들과 소통할 일을 맡았습니다. 문제는 김미희 대표에게 영어 울렁증이 있다는 거였습니다. 문제를 해결하기 위해 영어 과외를 받아보기도 하고, 전화 영어 혹은 화상 영어 등을 하기도 했는데요. 영 아쉬운 점이 많았어요. 일대일 과외는 가격이 너무 부담되었고, 전화나 화상 영어는 바쁜 일정을 핑계로 빼먹고 넘어가는 일이 잦았죠. 게다가 정확한 주제나 방향이 없어 쓸데없는 이야기만 하다가 약속된 시간이 모두 흐르는 경우도 다반사였고요.

김미희 대표는 자신과 같은 문제를 겪는 사람들이 많다고 보고 2016년 일대일 영어회화 서비스 '튜터링'을 론칭했습니다.

일대일 영어회화 서비스 '튜터링'

튜터링은 해외에 있는 튜터와 국내에 있는 튜티를 실시간으로 연결해 최상의 영어회화 경험을 주었고요. 자신의 관심사나 학습이 필요한 부분에 맞춰서 대화를 나눌 수 있도록 토픽 카드 시스템을 도입했습니다. 저렴하지만, 효과는 좋은 일대일 영어회화 시스템을 만들어 낸 거죠. 효과는 확실했습니다. 론칭 5개월 만에 월 1억 원 매출을 달성했고, 론칭 2년 만에 '마켓디자이너스'와의 합병, 3년 만에 회원 수 100만 명 달성이라는 성과를 만들었죠.

두 번째 사례는 '호갱노노'입니다. 부동산 실거래가를 간편하게 조회할 수 있는 서비스예요. 호갱노노는 심상민 대표가 카카오에서 개발자로 일하던 중 토이 프로젝트를 만들다 시작되었습니다. 토이 프로젝트는 개발자들이 재미 삼아 만드는 작은 규모의 프로젝트를 뜻하는 말인데요. 처음에는 집이 아니라 이케아의 제품별 가격을 전 세계를 기준으로 비교해 줬어요. 우연히 한국 이케아의 가격이 유독 비싸다는 이야기를 듣게 됐고, 사람들이 겪는 정보 비대칭 문제를 해결해 주고 싶다는 생각이었죠. 호구 고객이 되지 말자는 뜻으로 '호갱노노'라는 이름도 붙였어요. 생각 이상으로 반응이 뜨거웠습니다. 사이트에 하루 몇 만 명씩 접속했고, 여기저기 언론 보도 요청도 쏟아졌죠. 다음으로 어떤 문제를 해결해 주면 좋을까, 고민하던 중 기사 하나가 눈에 들어왔습니다. 시중에 나와 있는 아파트 매물, 즉 호가가 실거래가와 차이가 난다는 내용이었죠.

국토교통부에서 제공하는 공공 데이터를 기반으로 실거래가 데이터를 모았고, 호가는 포털 사이트에 올라와 있는 데이터를 가지고 왔죠. 데이터를 모으고 비교하는 데 걸린 시간은 고작 1주일이었습니다. 호갱노노 부동산 편은 이케아 편과 마찬가지로 많은 사람의 주목을 받게 됩니다. 그리고 오픈 1주일 만에 '프라이머' 권도균 대표로부터 연락이 왔습니다. 투자를 하고 싶다고요. 그렇게 함께 회사에 다니던 동료 3명과 창업을 했고, 3년 뒤인 2018년 회사를 매각하는 데까지 성공하게 됩니다.

문제가 아닌 것을 문제라고 말하는 사람들

앞서 두 사례는 고객이 가진 진짜 문제를 찾고, 그 문제를 가장 적절한 방법으로 해결해 준 사례라고 할 수 있습니다. 김미희 대표는 본인의 문제 상황에서 더 많은 잠재 고객이 겪고 있을 문제를 유추한 뒤 자신만의 서비스를 만들었고요. 심상민 대표는 작은 프로젝트를 통해 사용자의 니즈가 명확하게 존재한다는 사실을 직접 확인했습니다. 심지어 그 니즈가 존재한다는 사실이 명확해지자 사업을 시작하기도 전에 투자 제안까지 받을 수 있었죠.

이 두 서비스가 성공한 이유를 반대로 뒤집으면 실패한 이유가 됩니다. 즉, 대부분의 실패는 '문제가 아닌 것을 문제라고 믿어서' 발생합니다.

2016년 1월 '우리은행'에서 새로운 애플리케이션을 론칭했습니다. 이름은 '위비톡'. 말 그대로 '위비'라는 캐릭터가 중심인 메신저 앱이었죠. 한동안 위비톡은 우리은행이 한동안 목숨 걸고 달리던 사업이었습니다. 우리은행은 사업 초기 '모바일뱅킹과 메신저를 결합하고 쇼핑, 생활 정보 등을 얹어 신개념 금융 플랫폼으로 키운다'는 야심 찬 포부를 내세웠습니다. 그리고 그때도 지금도 톱스타인 유재석 씨를 광고 모델로 낙점했죠.

기능면에서는 타 메시지 앱에서 사용자가 불편하다고 여기던 많은 부분을 개선했습니다. 지금은 대부분 메시지 앱이 제공하고 있지만, 당시에는 많지 않았던 '메시지 회수' 기능을 제공했고요. 단톡방 내 특정인에게만 메시지를 전송할 수 있는 '귓속말' 기능도 만들었죠. 혜택도 적잖았습니다. 가입만 하면 최신 영화 쿠폰을 줬고, 은행에서 만든 애플리케이션답

게 환율, 금리 우대 혜택도 제공했습니다. 이밖에도 간편 송금, 번역, 웹툰, 금융 정보처럼 사람들이 많이 쓰는 부가기능도 풍부하게 제공했습니다.

핵심 기능이 활성화되지 못해 폐지 수순을 걸은 비운의 메신저 '위비톡'

결론적으로 이 서비스는 실패했습니다. 언론과 SNS에서 많은 사람이 위비톡의 실패 이유를 다양하게 거론했지만, 근본적인 실패 원인은 '연결될 사람이 없었다'는 겁니다. 우리가 실시간 메시지 앱을 사용하는 이유는 명확합니다. 현재 나와 마주 앉아 이야기하기 어려운 상대와 실시간으로 대화를 나누고 싶다는 것 말이죠. 하지만 위비톡은 이 문제를 해결하지 못했어요. 가입자 수 대비 실사용자 수가 극도로 적었거든요. 소소한 개선사항을 반영하고 은행에서 만든 앱다운 편의사항을 제공하는 것까지는 좋았지만, 결국 사람들의 '진짜 문제'를 해결하지 못했기 때문에 이 앱은 실패할 수밖에 없었던 겁니다.

제가 사업을 시작하려는 사람들에게 이 이야기를 꺼내면 고개를 끄덕이면서도 짐짓 자신은 아니라는 표정 혹은 의사를 표현하는 경우가 많습니다. 하지만 막상 결과물을 살펴보면 꽤 많은 아이템이 이 부분을 충족하지 못해요. 이유는 크게 2가지예요. 스스로 사업을 시작한 사람은 '그저 내가 하고 싶은 것'을 하기 때문인 경우가 많고 기업에 몸담은 사람은 '내 위에 있는 사람이 하고 싶은 것'을 하기 때문인 경우가 많죠. 다시 말해, 고객이나 사용자의 필요가 아니라 만드는 사람의 기호와 선호가 반영된 제품을 기획하고 출시하는 경우가 많다는 이야기입니다.

이 책을 펼친 여러분도 이미 구상한 또는 누군가 구상하라고 요청한 사업 아이템이 하나쯤은 있을 겁니다. 본격적으로 그 아이템을 현실화하기 전, 지금 여러분이 생각하는 그 사업 아이디어가 고객의 '진짜 문제'를 해결해 주는지 다시 한 번 고민해 보길 바랍니다.

How To Do
문제를 찾은 사업과 찾지 못한 사업 알아보기

▶ 템플릿 : bit.ly/4962Yuh

1. 문제를 찾아 '성공'한 사례 찾기 : 고객의 문제를 정확히 찾아 성공한 사례를 찾아보세요. 그리고 그들이 고객의 '어떤' 문제를 해결해 주었는지 적어 보세요.

---

2. 문제를 찾지 못해 '실패'한 사례 찾기 : 고객의 문제를 제대로 찾지 못해 실패한 사례를 찾아보세요. 그리고 그들이 고객의 '어떤' 문제를 해결했어야 하는지 적어 보세요.

---

2. 시장 크기를 통해
성장 가능성 가늠하기

> **What To Do**
> - 내가 가고자 하는 시장이 크고, 빨리 클 가능성이 있는지 생각해 본다.
> - 그 시장의 TAM, SAM, SOM을 살펴본다.
> - 자료조사를 통해 시장의 '진짜' 가능성을 고민해 본다.

사업이 성공하려면 2가지 조건이 필요합니다. 첫 번째는 고객이 기꺼이 지갑을 열 만큼 절실한 문제를 찾아야 합니다. 두 번째는 그 문제를 겪는 사람이 많아야 하죠. 우리는 이 두 번째 조건을 다른 말로 '좋은 시장을 찾아야 한다'고 이야기해요. 이번 시간에는 우리가 앞서 찾은 아이디어가 속한 시장의 성장 가능성을 확인하는 방법을 알아보겠습니다.

내 아이디어의 크기는 얼마나 클까?

어떤 시장이 '좋은' 시장일까요? '좋다'는 표현은 사실 굉장히 주관적입니다. 먹는 것만 봐도 그래요. 누군가는 탄단지에 채소까지 고루 담겨 있는 균형 잡힌 식사를 '좋은 식사'라고 하고요. 또 다른 누군가는 자극적이지만 포만감과 만족을 주는 식사를 '좋은 식사'라고 말하죠. 저처럼 최대한 시간 안 쓰고 간편하게 먹는 식사를 '좋은 식사'라고 하는 사람도 있을 겁니다. 이렇게 기준이 다르면 우리가 어떤 시장을 좋다고 말할 수 있을지도 모호해지죠. 따라서 어떤 시장을 좋은 시장이라고 할 것인지 정의하는 것이 중요합니다. 좋은 시장의 기준은 2가지입니다. 바로 '큰 시장'과 '빠르게 클 시장'이죠.

크면 클수록 좋고 빨리 커지면 더 좋습니다. 사업을 하고 새로운 제품을 만든다는 건 결국 돈을 더 잘 벌어서 행복하기 위함이기 때문이에요. 회사에 다니고, 체계가 잡힌 팀에 있는 것보다 몇 배 더 열심히 일했는데 돌아오는 성과는 보잘것없다면 그것만큼 아쉬운 일도 없겠죠. 잘 벌기 위해선 여러 조건이 어우러져야 합니다. 내가 잘 벌 수 있는 시장을 찾아내는 것도 그중 하나고요. 크고 빠르게 성장하는 시장을 찾는다는 것은 결국 내가 잘 벌 수 있는 시장을 찾아낸다는 말과 다르지 않습니다.

크면 클수록 좋다

큰 시장이 좋은 이유는 명확합니다. 우리가 얻을 수 있는 파이가 크기 때문이에요. 예를 들어 A라는 시장과 B라는 시장이 있습니다. A는 연간 200조 원 규모의 시장이에요. 반대로 B는 연간 100억 원 규모의 시장입니다. 여러분은 이 중 어떤 시장에서 창업하고 싶으신가요? '100억 원도 충분히 크다'고 생각했다면 오산입니다. 시장 규모라는 건 그 시장이 가진 크기 전체를 말하는 것이지, 그중 우리가 차지할 수 있는 규모를 말하는 건 아니니까요. 우리가 얻을 수 있는 파이는 늘 시장의 일부에 불과합니다. 100억 원 중 10%면 10억 원, 1%면 1억 원, 0.1%면 1,000만 원이겠죠.

반면 200조 원 규모의 시장은 100억 원에 비해 2만 배나 커요. 10%를 가져가면 20조 원을 벌 수 있고 1%만 가져가도 2조 원을 벌 수 있습니다. 0.1%만 벌어도 B 시장 전체 규모의 20배에 해당하는 2,000억 원의 매출을 얻을 수 있어요. 같은 시간, 같은 노력을 들여야 한다면 당연히 큰 시장, 즉 A를 노려야 합니다.

빨리 크면 더 좋다

물론 그렇다고 해서 B 시장의 매력이 전혀 없는 건 아니에요. 앞으로 이 시장이 빠르게 성장할 가능성이 크다면 말이죠. 사실 B 시장은 2013년 국내 웹 소설 시장의 규모입니다. 시장으로서 큰 가치가 없다고 여겨졌던 웹 소설은 빠르게 성장했어요. 2021년엔 60배나 커진 6,000억 원 규모가 됐죠. 이 시장을 미리 선점한 업체들은 그야말로 대박이 났어요. 1, 2위를 다투던 '문피아'는 2021년 전체 시장 규모의 10%에 가까운 점유율을 얻었습니다. 약 430억 원의 매출을 낸 거죠. 그리고 3,000억 원에 가까운 기업 가치를 인정받고 지분 상당 부분을 네이버에 매각했어요. 많이 벌고, 더 큰 가능성을 인정받아서 아주 좋은 값에 매각하는 것, 사업을 시작할 때 그리는 가장 아름다운 그림 중 하나죠.

이런 시장은 그저 빨리 커지기 때문에 좋은 것은 아니에요. A처럼 이미 크게 성장한 시장에는 강력한 경쟁자가 존재할 가능성이 큽니다. 사실 A 시장은 국내 이커머스 시장의 규모입니다. 문득 떠오르는 강력한 경쟁자만 해도 한둘이 아닙니다. '쿠팡', '네이버', '11번가' 등등. 아무리 좋은 아이디어와 실행력이 있어도 이 시장에 지금 들어가 최종 승자가 되기는 쉽지 않다는 거죠.

처음부터 클 필요는 없다

처음부터 진입하려는 시장의 모든 파이에 손대려고 해서는 안 됩니다. 우리는 경쟁자에 비해 사람도, 시간도, 돈도 부족하니까요. 빨리 선점하고 수익을 얻을 수 있는 시장을 찾아야 합니다. 앞서 사례로 살펴봤던 카카오를 다시 한 번 보죠. 카카오는 메신저에서 시작해 지금은 많은 분야의 사업을 영위하고 있어요. 포털 사이트(Daum)를 운영하거나 게임(카카오게임즈)을 만드는 건 물론이고요. 모빌리티(카카오 T), 콘텐츠(카카오웹툰), 커머스(카카오스타일), 블록체인(그라운드X), AI(카카오브레인), 헬스케어(카카오헬스케어), 핀테크(카카오뱅크, 카카오페이) 등등. IT 분야에서 안 하는 게 없을 정도죠. 이건 모두 카카오톡이라는 강력한 플랫폼을 기반으로 확장성을 만들었기 때문에 가능했던 일입니다.

그런데 만약 카카오가 처음부터 이 분야를 모두 키워나가려고 했다면 어떻게 되었을까요? 당연히 성공하지 못했을 거예요. 심지어 카카오톡도 한정된 리소스를 제때 투입하지 못해 지금만큼의 위상을 얻지 못했을지도 몰라요.

시장 규모를 추정하는 방법 TAM, SAM, SOM

꿈은 커도, 시작은 작고 단단해야 합니다. 이를 가장 잘 설명하는 개념이 바로 **TAM** Total Addressable Market, **SAM** Serviceable Available Market, **SOM** Serviceable Obtainable Market 입니다. TAM은 '전체 시장 크기'를 의미하고, SAM은 우리 팀이 추구하는 비즈니스 시장 규모, 즉 '유효 시장'을 말합니다. SOM은 '수익 시장', 즉 유효 시장에서 초기 단계에 확보 가능한 시장 규모를 뜻하죠.

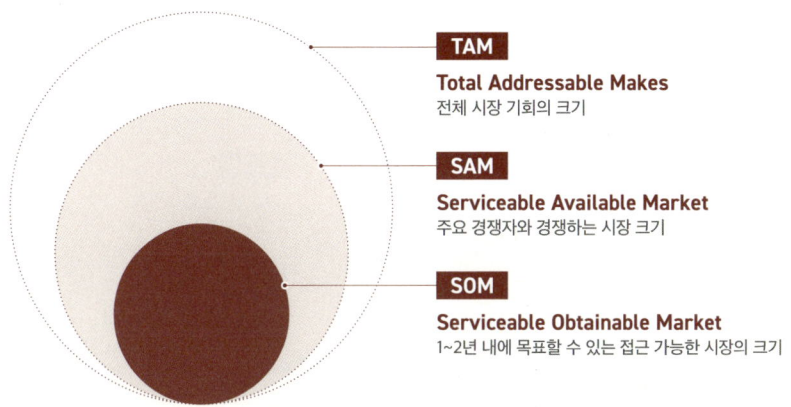

시장 규모 추정 방법

　앞서 살펴본 웹 소설 시장을 예시로 시장 규모를 추정해 보죠. 우선 TAM은 전 세계 웹 소설 시장입니다. 2021년 기준 32억 달러예요. 원화로 계산하면 대략 4조 원 정도입니다. SAM은 국내 웹 소설 시장이죠. 2021년 기준 6,000억 원 규모입니다. TAM보다는 줄어들었지만, 절대 적지 않은 시장이죠. 마지막으로 SOM은 우리가 초기에 잡아야 할 시장을 말해요. 같은 웹 소설 시장 안에도 다양한 영역에서 다양한 방식으로 매출을 내는 사람과 기업이 존재합니다. 누군가는 웹 소설을 만들어서 돈을 벌고 또 다른 누군가는 플랫폼을 만들고 콘텐츠를 유통함으로써 돈을 벌 겁니다. IP를 활용해 드라마, 영화, 웹툰처럼 새로운 형식의 콘텐츠를 만들어 돈을 버는 경우도 있죠.

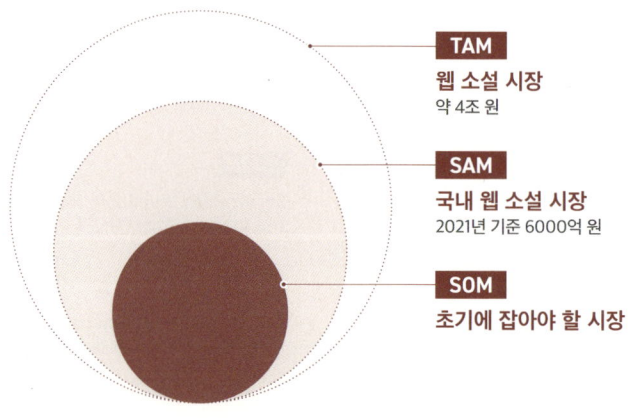

웹 소설 시장의 TAM, SAM, SOM

 이렇듯 시장에 존재하는 다양한 영역 중 우리가 초기에 진입해 유의미한 성과를 낼 수 있는 분야는 무엇인지 고민해 보아야 합니다. 늘 그렇듯 우리에게 주어진 시간과 자원은 한계가 있게 마련이니까요.

시장의 가능성을 확인하는 3가지 방법

 그럼 이제 시장을 찾아볼까요? 이 과정은 한 번만 하고 끝낼 일이 절대 아닙니다. 사업을 시작할 때는 물론이고 하는 동안에도 꾸준히 이 과정을 반복해야 해요. 왜냐면 내가 본 시장이 그사이에 얼마나 커졌는지, 앞으로 얼마나 클 것인지 지속적으로 점검해야 하니까요. 처음 찾은 시장만 볼 것도 아닙니다. 내가 시작한 사업군과 비슷한 시장은 없는지도 살펴야 하죠. 최소 비용, 최소 노력으로 확장할 수 있는 시장을 찾아야 한다는 이야기예요. 중간중간 점검하며 처음에 찾은 시장이 내 생각과 다르다면 다른 시장을 찾아야 할 수도 있습니다. 사업을 하는 사람이라면 시장에 관한 정보를 꾸준히 탐색하는 일을 게을리하지 말아야죠.

그렇다면 어떤 시장이 가능성이 있는지는 어떻게 찾아야 할까요? 시장의 가능성을 확인하는 방법에는 크게 3가지가 있습니다. 첫 번째 방법은 자료를 찾는 겁니다. 간단하게 구글링부터 시작해 볼까요? '구글링을 하면 너무 공개된 정보만 보게 되는 거 아닌가?' 싶을 수도 있겠지만 웬만한 정보는 다 공개되어 있습니다. 그 정보를 얼마나 빨리, 제대로 찾아내느냐의 싸움일 뿐이죠. 처음에는 내가 알고 싶은 분야의 이름에 "시장", "시장 규모", "시장 성장" 같은 단어만 더해서 검색해 보세요. 가령 웹 소설 분야가 궁금하다면 "웹 소설 시장", "웹 소설 시장 규모", "웹 소설 시장 성장" 같은 검색어를 입력하는 거죠. 기대했던 것 이상으로 많은 자료가 쏟아질 겁니다. 최대한 많은 자료를 모으고, 정리하세요. 통계청이나 관련 기관에서 제공하는 숫자 중심의 자료도 좋고요. 연구소나 기관에서 제공하는 보고서를 살펴보아도 좋습니다. 관련 내용이 잘 정리된 기사를 살펴보는 것도 나쁘지 않죠.

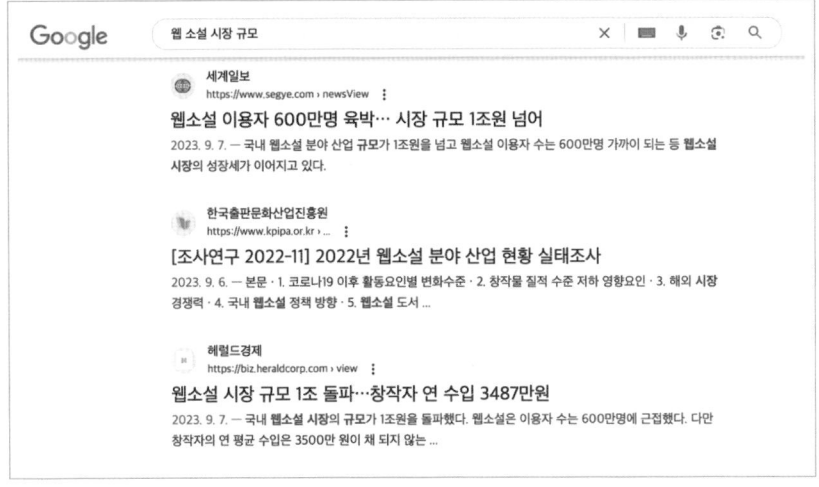

시장 규모 검색

두 번째는 경쟁사의 현황을 살펴보는 방법입니다. 마찬가지로 검색으로 대부분 자료를 얻을 수 있어요. 해당 시장에서 좋은 퍼포먼스를 보여 주는 업체명+매출을 검색해 보세요. 웹 소설이면 문피아, 조아라, 네이버 웹 소설, 카카오페이지 등이 검색어가 되겠네요. 작년 혹은 재작년에 연 매출이 얼마나 나왔는지를 비롯해 직원 수는 몇 명인지, 그동안 얼마나 성장했는지 손쉽게 확인할 수 있죠.

경쟁사 현황 검색

비상장사 또는 초기 기업은 공개된 자료가 상대적으로 적을 수 있습니다. 이 경우 업체명에 "투자" 또는 "성장" 같은 단어를 함께 검색해 보세요. 정확한 정보를 공개하지는 않았더라도, 투자 금액이나 회사 성장에 관한 인터뷰 등을 참고하여 대략적인 현황은 파악할 수 있을 거예요. 해당 시장을 선도한다고 알려진 기업의 매출과 투자 현황 등을 살펴보면 그 기업의 현재 규모와 앞으로 그 기업 또는 그 기업이 속한 시장이 얼마나 성장할 것인지 등을 유추할 수 있습니다.

경쟁사 투자 정보 검색

마지막 세 번째는 성공 사례, 특히 해외의 성공 사례를 찾는 겁니다. 이는 빠르게 성장할 시장을 찾을 때 유효한 방법입니다. 국내 시장만 조사하다 보면 아쉬울 때가 많아요. 특히 미국 실리콘밸리 같은 곳과 비교하면 더더욱 그렇죠. 기술의 발전 속도가 상대적으로 더디기도 하고, 정보가 유입되는 속도도 조금은 느린 편이니까요. 또, 미국이나 중국 같은 국가보다는 시장 규모가 작다 보니 상대적으로 성장이 빠르지 않은 경우도 많습니다. 크고 잘 성장하는 시장을 살피다 보면 새로운 가능성을 찾는 경우가 많습니다. 실제로 국내에서 성공한 스타트업 중 상당수가 미국, 일본, 중국에서의 성공 사례를 참고해 만들어지기도 했죠.

이 방법은 단순히 검색만 해서는 내용을 찾기 어려운 경우가 많아요. 아직 국내에는 소개되지 않은, 앞선 정보를 찾는 거니까요. 부지런히 자료를 모아야 합니다. 관심 있는 분야에 관한 소식을 다루는 해외 뉴스도 주기적으로 살펴보아야 하고요. 관련된 소식을 다루는 뉴스레터를 구독해서 살펴보는 것이 좋습니다. 오픈채팅방이나 슬랙 커뮤니티, 최근 핫한 소재를 다루는 커뮤니티도 유용합니다. 해당 소재를 사업화해 보려는 사람도 있고, 정보를 열심히 퍼 나르는 사람들도 있죠. 워낙 무수한 정보가 쏟아지는 탓에 모든 내용을 다 살펴볼 수는 없겠지만, 틈틈이 살피다 보면 그 분야에서 도전해 볼 만한 부분이 무엇인지 하나쯤은 아이디어를 얻게 될 겁니다.

:: 시장 가능성 확인의 예 : 실버 시장

앞서 살펴본 시장의 가능성을 확인하는 3가지 방법을 '실버 시장'에 적용해 보겠습니다.

① 시장 규모 분석을 위한 자료 찾기

실버 시장은 우선 시장 규모가 큽니다. 구글에서 실버 시장 규모"를 검색하면 2020년 기준 72조 원이라는 기사가 나오죠.

"실버 시장 규모" 검색 결과

빠르게 성장했고 앞으로 성장할 가능성도 큽니다. 같은 페이지에 공개된 한국보건산업진흥원의 보고서를 살펴보면 2012년 국내 실버 시장의 규모는 약 27조 원이었습니다. 8년 만에 약 3배 성장한 거죠. 게다가 2030년에는 168조 원까지 성장할 거라는 전망도 있어요. 2020년부터 10년 동안 2배 이상 성장할 거라는 얘깁니다.

② 경쟁사 현황 살펴보기

실버 산업에는 이미 꽤 많은 업체가 발을 들였습니다. 그중 주목받는 곳인 '한국시니어연구소'를 살펴보겠습니다. '마이돌'이라는 이름의 애플리케이션 사업을 하던 이진열 대표가 창립한 회사로, 실버 테크가 주력 사업입니다.

〈표 1〉 고령친화 세부산업별 시장규모 전망

출처 : 한국보건산업진흥원 (단위 : 억원, %)

구분	2012년 시장규모	비중	2015년 시장규모	비중	2020년 시장규모	비중	CAGR (12-20)
의약품	37,791	13.8	54,010	13.8	97,937	13.4	12.6
의료기기	12,438	4.5	17,827	4.5	32,479	4.5	12.8
식품	64,016	23.4	93,609	23.8	186,343	24.2	13.5
화장품	6,945	2.5	10,645	2.7	21,690	3.0	15.3
용품	16,689	6.1	18,770	4.8	22,907	3.1	4.0
요양	29,349	10.7	46,533	11.9	100,316	13.8	16.6
주거	13,546	5.0	14,209	3.6	14,301	2.0	0.7
여가	93,034	34.0	137,237	34.9	262,331	36.0	13.8
합계	273,809	100.0	392,839	100.0	728,305	100.0	13.0

3배 성장

이진열 대표는 72조 원 시장 중 5조 원 규모에 해당하는 재가 요양 시장, 즉 거동이 불편한 어르신을 대상으로 신체 활동과 가사 활동을 지원하는 시장에 주목했습니다. 이진열 대표는 자신의 사업이 초기에 얻어야 할 TAM을 찾은 거죠.

회사는 설립된 지 2년 만에 110억 원 규모의 시리즈 A 투자를 받고 매년 평균 170% 수준의 고용 성장률을 보이고 있습니다. 재가 요양 사업을 하려면 아무래도 일반적인 IT 기업보다 사람이 많이 필요할 텐데요. 잘 성장하고 있고, 앞으로 이 시장이 꾸준히 성장하리라는 기대를 엿볼 수 있는 대목입니다.

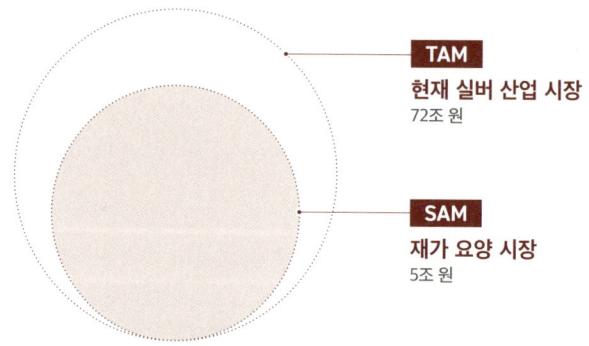

'한국시니어연구소'의 TAM과 SAM

③ 해외 성공 사례 살펴보기

해외 성공 사례는 일본을 찾아봤습니다. 우리나라처럼 빠르게 고령화가 이뤄지는 국가니 아무래도 관련 산업이 빠르게 발전하고 있으리라는 생각이 들었죠. 일본의 실버 산업 시장은 이미 100조 원에 육박합니다. 가사 대행 서비스부터 독거노인의 고독을 해소하는 대화 서비스, 더 좋은 죽음을 맞이할 수 있도록 도와주는 웰다잉 Well Dying 서비스까지. 다양한 방식으로 사업이 영위되고 있다는 걸 확인할 수 있었죠.

출처 : 한국보건산업진흥원

	미국	일본	중국	한국
예상 시점	2025년	2025년	2030년	2030년
예상 규모	3조5000억달러	8000억달러	3조달러	168조원(약 1282억달러)

이번 장에서는 시장을 선정하는 기준부터 확인 방법 그리고 그 방법을 활용한 예시까지 알아봤습니다. 이제 여러분의 이정표를 남길 시장을 조사해 보세요.

How To Do
시장 규모 예측하기

▶ 템플릿 : bit.ly/4962Yuh

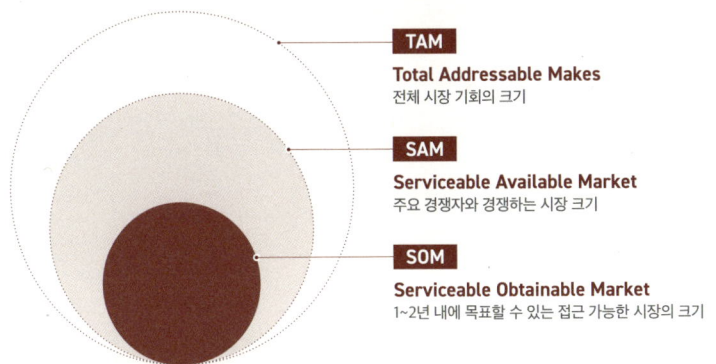

TAM
Total Addressable Makes
전체 시장 기회의 크기

SAM
Serviceable Available Market
주요 경쟁자와 경쟁하는 시장 크기

SOM
Serviceable Obtainable Market
1~2년 내에 목표할 수 있는 접근 가능한 시장의 크기

우리가 진입하려는 시장을 정의하고 그 규모를 추정해 보세요.

TAM [전체 시장]

SAM [유효 시장]

SOM [목표 시장]

STEP

STEP 01 비전과 목표

STEP 02 아이디어

STEP 03
수요 확인

STEP 04
출시 & 개선

STEP 05
확장 & 성장

"이미 우리 머릿속에는 사람들이 겪는 문제와
이를 해결해 주는 서비스의 모습이 어느 정도 그려져 있습니다.
하지만 **설문에 응답하는 사람의 상황**은 다릅니다."

3단계:
수요 확인하기

04

1. '진짜' 수요를 확인하려면

─┤ What To Do ├──────────────────────────────►
- 지금까지 모은 고객 데이터에는 어떤 것이 있는지 살펴본다.
- 그중 고객의 '실제' 수요를 확인할 수 있는 데이터는 무엇이 있는지 살펴본다.

"살게요"라는 말은 산 게 아니다

　세 번째 사업인 영상을 기반으로 한 인문 교양 구독 서비스를 준비할 때 저는 많은 가정을 세웠습니다. 그동안 아무도 성공하지 못한 인문 교양 분야의 사업에 도전하는 것이었고, 또한 제가 당시 '사명'이라 여겼던 문제를 해결하기 위해 끌어올 수 있는 최대한의 역량과 자본을 투입하는 일이었기 때문이죠.
　수십 번의 회의와 토론, 논의를 거쳐 프로젝트의 '가설'을 완성했을 즈음 저희는 가설을 '확신'으로 바꾸기로 했습니다. 주변 지인을 통해 꽤 믿을 만한 리서치 업체를 섭외했고, 이전 사업에서는 시도조차 생각하지 못했을 큰 규모의 설문조사를 했죠. 작성과 피드백, 재작성과 피드백을 반복해 설문지를 완성했고 얼마 뒤 조사를 시작했습니다. 저희가 사람들에게 던진 질문은 3가지였습니다. 평소 인문 교양 콘텐츠에 얼마나 관심이 있는지, 인문 교양 콘텐츠에 비용을 지불할 의사가 있는지, 있다면 시간당 얼마나 지불할 의향인지 말이죠. 얼마 뒤 전달받은 조사 결과 데이터로 우리는 3가지 인사이트를 도출할 수 있었습니다.

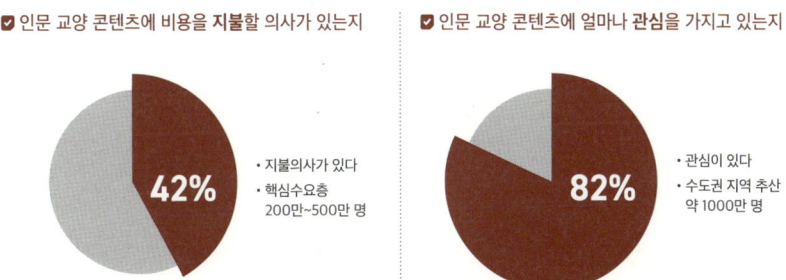

'인문교양 콘텐츠'에 대한 설문조사 결과

첫째, 약 82%의 응답자가 인문 교양 콘텐츠에 관심이 있는 것으로 나타났습니다. 서울, 경기 수도권 지역만 따져도 잠재 수요층이 약 1,000만 명 수준이었죠. 둘째, 그중에서도 인문 교양 콘텐츠에 비용 지불 의사가 있는 사람은 약 42%였습니다. 따라서 핵심 수요층은 최소 200만 명에서 최대 500만 명 수준이었죠. 셋째, 비용 지불 의사가 있는 사람들이 평균적으로 지불하고자 하는 금액은 시간당 약 4,500원 수준이었습니다. 최소 수준의 핵심 수요층이 매달 1시간만 콘텐츠를 보게 만들어도 월 90억 원의 매출을 기대할 수 있다는 얘기였죠.

시작하지 않을 이유가 없었습니다. 시장의 10분의 1만 장악해도 연간 100억 원을 벌어들일 수 있는 사업을. 그것도 가장 하고 싶은 일을 통해 할 수 있었으니 말이죠. 자신감을 얻고 본격적으로 준비를 시작했습니다. 그럴듯한 구조의 서비스를 기획했고, 섭외 가능한 최고의 개발진을 모아서 이를 현실로 만들었죠. 물론 그 속에 담길 콘텐츠의 내용도 최상이라고 자부할 수 있었고요. 6개월간 숨 돌릴 틈도 없이 달리고 또 달린 끝에 론칭 준비가 마무리되었습니다. 그리고 어떻게 되었을까요? 아무 일도 일어나지 않았죠.

진짜 '문제'를 알아야 성공한다

열심히 가설을 세웠습니다. 큰 비용을 들여 타깃 사용자에게 물어보기까지 했어요. 대체 무엇이 잘못되었던 걸까요? 실패에는 늘 수만 가지 이유가 따릅니다. 하지만 제가 이 사업에서 가장 크게 오판한 부분은 바로 '사람들의 진짜 필요를 확인하지 못했다'는 것이었습니다. 돌이켜보면 당시 응답자들의 심리는 이러했습니다.

- 괜찮은 사람처럼 보이고 싶다.
- 서비스의 형태와 방향을 전혀 짐작하지 못한다.
- 이 사업이 어떻게 되더라도 손해 볼 일이 없다.

첫 번째 '괜찮은 사람처럼 보이고 싶다'부터 살펴보죠. 저는 이 주제에 대해 생각할 때마다 2016년 미국의 대선 결과를 떠올립니다. 당시 각종 여론조사에서 평균 80~90%의 승률을 보장받고 있던 민주당의 힐러리 클린턴 Hillary Diane Rodham Clinton 대신 공화당 도널드 트럼프 Donald John Trump 후보가 대통령으로 당선되었기 때문이죠. 개표가 시작되자 여론조사가 보장한 승률은 아무 의미 없다는 사실이 밝혀졌죠.

선거가 끝난 뒤 전문가들은 많은 사람의 예측이 왜 실패했는지 면밀하게 분석했습니다. 그리고 '트럼프 지지자=인종주의자 또는 차별주의자'라는 사회적 인식 때문에 적극적으로 지지자를 밝히지 않은 경우가 많았다는 분석을 내놓았습니다. '샤이 트럼프', 즉 자신이 선해 보이지 않을까봐 트럼프를 지지한다는 사실을 숨긴 사람이 많았다는 뜻이죠.

샤이 트럼프 현상을 사회과학 이론을 토대로 해석하는 경우도 있습니다. 1966년, 독일의 사회과학자 엘레자베스 노엘레 노이만 Elisabeth Noelle-Neumann이 발표한 <침묵의 나선 이론 Spiral of Silence Theory>에 따르면 사람들은 자신의 의견을 표명하기 전 여론의 반응을 살핍니다. 특히 대중매체에서 특정 의견이 다수에게 인정받는 것처럼 보이면 반대되는 의견을 가진 사람들은 스스로를 소수라고 느끼게 되는데요. 노이만은 사람들이 다수로부터 '고립'되지 않기 위해 여론에 동조하는 것처럼 행세하거나 침묵해 버린다고 주장했습니다.

트럼프 지지자들도 마찬가지였습니다. 언론에선 힐러리 클린턴의 승리를 점치고 '도덕적 우위'를 강조하고 있으니 그와 반대되는 자신의 의견을 드러내는 대신 침묵을 지키기로 한 겁니다. 물론 그 침묵이 투표장에서의 선택까지 바꾸지는 못했지만 말이죠.

제가 진행했던 설문조사도 '침묵의 나선 이론'에서 자유롭지 못했습니다. 우리는 미디어를 통해 늘 '인문학이 중요하다'는 메시지에 노출됩니다. 그리고 사람들은 굳이 알지도 못하는 사람 앞에서 교양 없고, 무지한 사람처럼 보이고 싶지 않아 합니다. 그 결과, 10명 중 8명이 인문 교양 콘텐츠에 많은 시간을 쓰고 있고, 그중 절반은 '기꺼이' 돈까지 쓰겠다는 대답을 했던 겁니다. 당연히 이 대답이 응답자의 선택, 즉 서비스 결제로 이어지지도 않았고요.

두 번째 문제인 '서비스의 형태와 방향을 전혀 짐작하지 못한다'는 상상력의 한계 혹은 반대로 무궁무진한 상상력 때문에 발생하는 문제입니다. 새로운 사업을 준비하는 우리 머릿속에는 사람들이 겪는 문제와 이를 해결해 주는 서비스의 모습이 어느 정도 그려져 있습니다. 하지만 설문에 응답하는 사람의 상황은 다릅니다. 우리의 문제의식을 공유받지도 못한 채 질문 공세를 받는 것이나 다름없기 때문이죠. 충분한 텍스트와 이미지를 동원하여 설명해도 마찬가지입니다. 질문을 받는 입장에선 정보를 많이 제공해도 짧은 시간에 맥락을 이해하기에는 부족하죠. 게다가 우리가 던지는 질문은 대부분 선거 후보 중 누구를 찍을지, 이 콜라가 맛이 좋은지 저 콜라가 맛이 좋은지 같은 객관식 질문보다 복잡하고 생각할 여지가 큰 경우가 많습니다.

마지막 세 번째 '이 사업이 어떻게 되더라도 손해 볼 일이 없다'는 설문조사 데이터가 가질 수밖에 없는 필연적인 한계입니다. 서비스가 실패해도 그들은 아무것도 손해 볼 것이 없습니다. 동전 한 푼 낸 적 없으니 말이죠. 손해 볼 것이 없다는 말은 어떤 이야기를 해도 자신에게는 아무런 문제가 생기지 않는다는 이야기입니다. 그날 기분이 꽤 좋아서 긍정적인 평가를 해도, 반대로 기분이 좋지 않아서 부정적인 평가를 해도 아무런 문제가 없다는 말이죠.

만약 반대로 조사 대상자가 설문의 결과를 통해 자신에게 돌아올 것이 있는 환경이었다면 어땠을까요? 투자를 했다거나 제품을 선구매했다거나 하는 식으로 말이죠. 아마 조사 결과는 사뭇 달라졌을 겁니다. "그 정도면 4,500원쯤은 낼 것 같네요." 같은 반응이 아니라 "어휴, 제가 4,500원이나 냈는데 고작 그런 서비스를 제공한다고요? 정신 좀 차리세요. 유튜브만 가도 볼만한 콘텐츠들이 얼마나 많은데요." 나 "내 투자금 다 날아가는 꼴 보기 전에 사업 기획부터 다시 하시죠?" 같은 적극적인 반응이 나왔을 테니 말이죠.

How To Do

수요 확인을 위한 데이터 살펴보기

▶ 템플릿 : bit.ly/4962Yuh

현재 우리가 가지고 있는 고객 주요 데이터는 무엇인지 살펴보고, 그 데이터에 숨겨진 함정은 없는지, 함정에 빠지지 않을 방법은 없는지 생각해 보세요.

우리가 가진 데이터	그 데이터에 숨은 함정	함정에 빠지지 않을 방법
예. 설문조사 결과 80%의 응답자가 앞으로 출시될 우리 제품을 사겠다고 응답했다.	예. '구매하겠다'는 의사를 전한 것일 뿐 응답자가 실제로 상품을 구매한 것은 아니다.	예. 선판매 방식의 크라우드 펀딩을 진행해 본다. 임시로 만든 제품 상세페이지에 구매 버튼을 넣어 실제 클릭률을 확인해 본다.

2. 수요를 확인하는 첫 번째 방법, 스스로 해보기

> **What To Do**
> - 주변에 자신의 불편을 해결해 성공한 사례로는 무엇이 있는지 살펴본다.
> - 일상에서 나를 불편하게 만드는 '문제'는 어떤 것들이 있는지 생각해 본다.

그렇다면 우리는 어떤 데이터를 모아야 할까요? 최소한 '진짜' 수요를 확인할 수 있는 데이터를 수집해야 합니다. 즉, 응답자가 자신을 속이지 않고, 제품이 갖춰야 할 최소한의 윤곽이 갖춰진 상태에서, 실제로 우리의 서비스를 사용(구매)하고자 하는지 확인할 수 있어야 한다는 얘기죠. 여기에는 3가지 방법이 있습니다. 바로 스스로 해보기, 제대로 물어보기, 직접 팔아 보기죠. 이 중 '스스로 해보기'란 말 그대로 어떤 분야를 직접 경험하고 그 속에서 문제를 찾아내는 방법입니다. 수많은 사업가가 이 방법을 활용해서 성공했죠. 이들이 어떤 과정을 거쳐 성공에 이르렀는지 사례를 통해 살펴보겠습니다.

골프 선수가 만든 골프 레슨, 펜싱 선수가 만든 펜싱 장비

제 친구 중에 골프 프로선수가 있습니다. 사실 이 친구는 전업 선수는 아니고요. 취미로 꾸준히 골프를 치다 보니 프로 자격증을 따게 된 경우에요. 경영학과를 졸업했고, 지금은 이름만 대면 다 아는 글로벌 IT 기업에서 세일즈를 담당하고 있죠. 프로 시험에서 6년 동안 15번이나 떨어졌지만, 지치지 않고 도전해 16번 째에 합격했어요. 골프를 너무 좋아하다보니 이 친구는 골프를 더 자주 치러 다니고 싶었어요. 이왕이면 친한 친구 혹은 지인들과 함께라면 더 좋을 것 같다는 생각을 했죠. 그런데 주변을 살펴보니 골프를 칠 줄 아는 또래 친구가 별로 없더래요.

이 문제를 어떻게 해결하면 좋을지 고민해 보니 '내가 처음 골프를 배웠을 때 가장 부담되었던 레슨비 문제를 해결해 주고, 그 사람들과 같이 치러 가면 되겠다'는 결론이 나왔다고 합니다. 그래서 레슨 가격을 크게 낮췄어요. 일반적인 1대 1 레슨이 아닌 그룹 레슨을 해주는 방식으로요. 더불어 조건을 하나 붙였습니다. 바로 '자신과 비슷한 연령대인 20~30대일 것'이었죠. 생각보다 반응이 뜨거웠어요. SNS에 올린 모임 공지글을 본 사람들이 너도나도 가르쳐달라며 연락을 해왔죠. 우선 그룹 하나만 열어서 레슨을 시작했어요.

그런데 문제가 생겼습니다. 시간이 지나도 가르쳐달라는 사람이 줄어들지를 않는 거예요. 한 번 배운 사람들은 더 배우고 싶다며 레슨을 계속 요청했고, 새로운 사람들도 끊임없이 레슨을 원한다며 연락이 왔죠. 심지어 앞서 레슨받은 사람의 추천을 받은 사람들까지 연락을 해왔어요.

그룹이 점차 늘어나기 시작했습니다. 혼자 힘으로는 부족해서 다른 친한 프로를 섭외해 레슨을 시작했고요. 레슨 지역도 강남, 분당, 여의도 등으로 점점 넓어지기 시작했죠. 그렇게 2030 골프 그룹레슨 플랫폼이 시작되었습니다. 이미 웬만한 직장인들의 연봉 이상을 매출로 내기 시작한 지 오래예요. 레슨받은 사람들이 자유롭게 연습을 할 수 있는 전용 연습장도 만들었죠. 심지어 이 모든 성과는 회사를 다니면서 이뤘어요. 소위 성공한

n잡러가 된 거죠.

내친 김에 비슷한 사례를 하나 더 살펴보죠. 이 친구는 펜싱 선수예요. 대학 때 동아리로 시작했다가 프로 선수가 되었죠. 이 친구는 펜싱이 너무 좋아서 펜싱으로 먹고 살고 싶었어요. 그래서 펜싱 장비를 저렴하게 구매할 수 있는 쇼핑몰을 만들었죠.

펜싱 제품을 수급하다 보니 하나둘 아쉬운 점들이 나오더래요. 이건 이렇게 만들었으면 좋겠는데, 저건 저렇게 개선되면 좋지 않을까 하면서 말이죠. 친구는 본인이 펜싱을 하면서 느끼는 불편함을 상세하게 정리하고, 이를 해결할 수 있는 메탈 재킷을 스스로 만들기로 했습니다. 팔 움직임이나 호흡을 방해하지 않고, 대회와 기관에서 요구하는 사이즈 기준을 엄격하게 맞출 수 있는 것으로요. 직접 발품을 팔아 재킷을 만들었고, 한 달간 경기장을 누비며 문제가 없는지 확인했습니다. 그리고 장비를 한 번 더 개선한 뒤 펀딩을 진행했죠. 어떻게 됐냐고요? 당연히 잘 팔렸죠. 펜싱을 하는 사람이라면 모두가 문제라고 생각했던 부분을 잘 긁어 주었으니까요.

제가 앞서 소개한 두 사례의 공통점은 무엇일까요? 둘 다 스포츠에 미친 사람들인 것 같다고요? 물론 그것도 맞긴 해요. 하지만 답은 '자신이 겪은 문제를 해결해 주는 과정에서 자연스레 제품과 서비스를 만들게 되었다'는 겁니다.

만약 골프를 전혀 모르는 사람이 첫 번째 사례와 같은 서비스를 시작했다면 어땠을까요? 아마도 성공하기 어려웠을 겁니다. 골프 레슨비가 왜 비싼지, 비싼 가격 문제를 '그룹' 레슨 형태로 해결했을 때 어떤 장단점이 있는지 알기 어려웠을테니까요. 저만 해도 친구가 자신의 아이디어를 처음 이야기했을 때 '그래도 1대 1로 레슨을 받는 건 이유가 있지 않을까?'라는 반응을 보였거든요. 골프에 대해 잘 모르는 저로서는 해당 시장이 40

대 이상 고소득층을 타깃으로 운영되고 있고, 때문에 레슨 상품을 판매하는 사람들이 굳이 비용을 낮추려는 노력을 하지 않았다는 걸 알지 못했던 거죠.

두 번째 사례인 펜싱 재킷도 마찬가지입니다. 동호인과 선수들이 겪는 문제를 잘 모르는 저 같은 사람이 재킷을 만들었다면 어땠을까요? 아마도 성공하지 못했을 겁니다. 잘못된 부분, 불편한 부분이 분명히 있었을 테니까요. 문제가 무엇인지 정확히 파악하기도 어려웠을 거고요.

택시를 기다리다 만든 차량 공유 앱 '우버'

'나'로부터 사업을 시작하는 방식을 스포츠 분야로 한정할 필요는 없습니다. 국내로 지역을 좁혀 생각할 필요도 없고요. 미국의 차량 공유 서비스인 '우버' 사례를 살펴볼게요. 우버의 창업가 트래비스 캘러닉^{Travis Cordell Kalanick}은 2008년 친구와 함께 파리에서 열린 IT 콘퍼런스에 참석했습니다. 캘러닉은 이곳에서 택시를 잡기 위해 한참을 기다리게 되는데요. 그러던 중 우버에 관한 아이디어를 떠올렸다고 해요. 클릭 한 번으로 택시를 호출한다면 자신이 겪은 불편을 해결할 수 있을 거라고 생각한 거죠. 또, 목적지에 도착한 뒤 택시비로 실랑이를 벌이고, 잔돈이 없거나 신용카드기가 고장 난 택시를 타서 불편을 겪었던 일을 떠올리며 이를 모두 해결해주겠다고 다짐했죠.

창업을 결심한 캘러닉은 몇 가지 핵심 기능을 바탕으로 기존의 택시 시스템을 크게 개선했습니다. 가장 가까운 택시가 어디에 있는지 알 수 있도록 해주었고, 해당 택시와 만날 장소를 정할 수 있게 했으며, 앱에 미리 등록한 카드로 택시비가 자동 결제되도록 했죠. 더불어 택시 기사의 인적사항을 확인할 수 있게 했고, 예약한 택시의 현재 위치도 알 수 있었습니다.

이러한 변화는 우리 모두가 아는 것처럼 우버라는 서비스를 성공으로 이끌었습니다. 우버는 초반부터 폭발적인 인기를 얻어 곧장 100여 개 도시에 퍼져나갔습니다. 서비스 론칭 3년 만인 2013년 8월에는 미국의 유니콘 기업이 되었고, 2019년 5월에는 미국 뉴욕증권거래소 나스닥에 상장까지 성공했습니다.

이처럼 '나의 불편'에서 문제를 찾고 이를 해결하는 것은 가장 효과적인 고객을 이해하는 방법입니다. 내가 겪는 문제를 잘 관찰하고, 이를 해결할 방법을 모색해 보세요. 나와 같은 문제를 겪는 사람이 충분히 많은지도 살펴봐야겠죠.

How To Do
일상 속 문제 & 해결책 발견하기

▶ 템플릿 : bit.ly/4962Yuh

일상에서 겪는 문제 혹은 잘 아는 분야에서 확인할 수 있는 문제를 5가지 찾아보세요. 그리고 그 문제를 해결할 수 있는 방법에는 무엇이 있는지 생각해 보세요.

1. 문　제 : _____
　 해결책 : _____

2. 문　제 : _____
　 해결책 : _____

3. 문　제 : _____
　 해결책 : _____

4. 문　제 : _____
　 해결책 : _____

5. 문　제 : _____
　 해결책 : _____

3. 수요를 확인하는 두 번째 방법, 물어보기

> **What To Do**
> - 내가 속한 혹은 활동하는 분야에 존재하는 커뮤니티에 어떤 문제가 있는지 생각해 본다.
> - 내가 커뮤니티를 운영한다면 사람들에게 어떤 도움을 줄 수 있는지 생각해 본다.

1,000만 원으로 250만 사용자 모은.ssul

저의 첫 번째 창업 아이템 '스터디헬퍼'를 만들 때의 일입니다. 사실 처음부터 이 앱을 만들려고 한 건 아니었어요. 당시 여기저기서 많이 출시되던 스케줄러 앱을 만들고 있었죠. 서비스 기획을 담당하기로 한 선배의 주도로 장장 6개월에 걸쳐 앱을 만들었지만 막상 앱을 만들고 보니 스케줄링을 하나하나 다 신경 써야 하는 방식인데다 UI도 묘하게 불편했죠. 테스트 삼아 보여 준 주변 사람들의 반응도 별로 좋지 않았습니다. 결국 저희는 애써 만든 앱을 폐기했습니다.

'어떻게 해야 할까' 고민하다 보니 시간이 하염없이 지났고, 엎친 데 덮친 격으로 저희가 준비하던 입시 관련 책의 출판사가 경영난에 빠졌습니다. 대한민국 입시제도는 매년 바뀌는 바람에 1~2년만 지나도 정보 중 상당수가 '낡은 것'이 되어버리는데요. 애써 준비한 원고를 모두 폐기해야 할 상황이 되었죠.

고민 끝에 저는 이 원고를 바탕으로 마케팅 채널을 키워보기로 했습니다. 저희가 앞으로 어떤 서비스를 낼지는 모르지만, 교육 분야에서 서비스를 하겠다는 목표는 확실했거든요. 문제는 어떻게 온라인 홍보를 해야 하는지 모른다는 거였어요(지금도 마찬가지지만). 저희는 온라인 홍보대행사에 무턱대고 연락을 했습니다. 바이럴 마케팅을 맡기려는 게 아니라 맡아보겠다고요. 덕분에 주어진 일을 하면서 몇 개월 동안 블로그 키우는 방법을 배웠습니다.

그렇게 일을 하면서 배운 방법을 토대로 자체 블로그를 만든 다음 준비해 둔 원고를 매일 하나씩 업로드하기 시작했습니다. 사실 SNS 채널을 키우는 원칙은 단순합니다. 매일 올리고 끊임없이 소통하는 것입니다. 그렇게 저희는 꼬박꼬박 블로그 문법에 맞춰 원고를 올리고 온종일 초, 중, 고등학생들이 운영하는 공부 블로그, 일명 공블을 찾아 들어가 댓글을 달았습니다. 조금씩 반응이 오기 시작했어요. 처음에는 먼저 찾아가 댓글을 단 친구들만 저희 블로그에 방문했지만, 조금씩 블로그 지수가 높아지니 관련 검색어에 저희 블로그가 상위 노출되기 시작했죠.

블로그가 폭발적으로 성장한 결정적인 계기는 엉뚱하게도 당시 인기 예능 프로그램이었던 <무한도전> 덕분이었습니다. 제가 다니던 학교 행사에 <무한도전> 멤버들이 응원단으로 참석한 거예요. 당시 저는 교지 팀에서 아르바이트를 하고 있었습니다. 그 덕에 누구보다 가까이에서 그들의 사진을 찍을 수 있었죠. 허락을 받은 뒤 재미삼아 B컷 일부를 블로그에 올렸는데요. 이게 터졌습니다. 행사가 있었던 그 주에만 블로그에 10만 명이 넘게 방문했어요. 블로그 지수가 한 번 올라가니 무슨 키워드를 올려도 다 상위 노출이 되기 시작했습니다. 학생들이 공부에 관한 정보를 검색하면 무조건 거쳐 갈 수밖에 없는 채널이 된 거죠.

이제 다시 앱을 기획해야 할 시점이 왔습니다. 저희는 학생들에게 직접 물어보기로 했어요. '도대체 공부할 때 뭐가 문제냐'고요. 수많은 댓글이 달렸고, 그중 생각보다 많은 답이 한 점을 향했습니다. '스마트폰 때문에 공부가 안 된다'는 거였죠. 처음에 저희는 스마트폰 때문에 공부가 안 되면 스마트폰을 끄라'고 답했어요. 피처폰으로 청소년기를 보낸 탓에 이 친구들의 고민을 이해 못 한 거죠. 답변할 때마다 학생들이 코웃음을 치더라고요. 어떻게 스마트폰을 끄냐고요. 이 친구들에게 스마트폰을 끈다는 선택지는 아예 없던 겁니다.

저희는 이 문제를 해결해 주기로 했어요. 그리고 여기에 당시 많은 학생이 공부 시간을 측정하던 방식을 접목하기로 했죠. 시작 버튼을 누르면 공부 시간이 측정되고 데이터가 차단되도록 앱을 설계한 겁니다. 스터디헬퍼는 학생들의 요구에 따라 발전했습니다. 다른 앱을 차단하되 공부에 필요한 일부 앱은 사용할 수 있도록 했고요. 자신이 지정한 특정 시간대에는 시작 버튼을 누르지 않아도 자동으로 앱이 실행되는 기능도 제공했습니다.

학습을 돕는 앱 '스터디헬퍼'

당시에 이런 앱을 만들고 있다고 이야기하면 많은 분이 '애들이 그런 걸 왜 필요로 하냐'고 코웃음을 쳤습니다. 차라리 부모님에게 통제권을 줘야 한다고 했죠. 실제로 비슷한 앱도 몇 개 나왔어요. 하지만 다 잘 안됐습니다. 학생들은 공부를 잘 하고 싶었고, 그 욕망을 달성하기 위해 스스로 통제할 마음의 준비가 되어 있었어요. 그 결심이 작심삼일로 끝나더라도 말이에요. 그 과정에 부모님의 통제는 받고 싶지 않았죠.

출시한 지 3일 만에 1,000명이 앱을 다운로드 받았습니다. 이 중에는 본인들의 필요를 해결해준 온라인 선배가 고마워서 앱을 깔아준 친구들이 많았어요. 250만 다운로드가 넘을 때까지 스터디헬퍼가 국내에서 사용한 마케팅비는 고작 1,000만 원이 조금 넘었습니다.

드립니다. 원하는 것을, 사심 없이 : 커뮤니티 구축하기

최근 많은 스타트업이 공들이는 작업 중 하나가 바로 '커뮤니티 구축하기'입니다. 오픈카톡방을 만들거나 업무용 메신저 '슬랙'에 채널을 개설하죠. 덕분에 최근엔 커뮤니티를 잘 만드는 기술적인 방법에 대해서도 이런저런 조언들이 많이 돌아다닙니다. 조언들을 살펴보면 공통적으로 3가지 성공 방정식을 제시합니다.

하나. 커뮤니티를 구축할 플랫폼을 잘 선택해야 한다

현재 유행하고 있으며 장기적으로 유행이 이어질 만한 플랫폼을 구축해야 합니다. 다시 말해, 우리 목표에 맞는 사람들이 모여 있고, 앞으로도 이탈하지 않을 공간을 찾아야 한다는 거죠.

둘. 긍정적이고 밝은 에너지를 줘야 한다

우울하고 패배감 가득한 곳에는 아무도 오려고 하지 않습니다. 우선 운영자부터 긍정적이고 밝은 에너지를 발산해야 합니다. 그 긍정적인 에너지에 이끌려 사람들이 오고, 또 오래오래 머무르게 되죠.

셋. 공통의 목표를 제공해야 한다

커뮤니티 구성원들이 모두 환호하고 열광할 목표를 제시하고, 그 목표를 달성할 수 있도록 노력해야 합니다. 목표를 달성하면 그보다 높은 단계의 목표를 또다시 제시할 준비가 되어 있어야 하죠.

3가지 모두 커뮤니티 구축에 꼭 필요한 요소지만, 하나 더 중요한 요소를 추가하자면 '커뮤니티 구성원에게 도움이 되느냐 되지 않느냐'입니다. 저는 스터디헬퍼의 네이버 블로그를 하나의 커뮤니티로 규정하고 운영했습니다. 콘텐츠를 만들고 제공하는 사람은 저 하나였지만, 그 콘텐츠를 토대로 이야기 나누는 사람들은 수백, 수천 명이었어요. 그 이야기를 토대로 새로운 콘텐츠를 만들거나 도움이 될 만한 정보들을 제공했고 매일 오는 이메일에 답변했습니다. 뿐만 아니라 '서로 이웃'을 맺은 공블에 찾아가 학생들이 올린 콘텐츠를 보며 조언해 주거나 응원하기도 했죠.

그럼 학생들은 왜 저와 소통하고 도움을 주고받았을까요? 심지어 자신들이 만든 앱도 아닌데 직접 나서서 홍보까지 해줄 정도로 말이죠. 소위 '기술적으로' 다양한 이유를 이야기할 수도 있겠지만, 결국 본질은 하나였습니다. 바로 '자신들의 공부, 입시에 도움이 되기 때문'이죠.

스터디헬퍼 블로그의 초기 유입자는 주로 지방에 거주하는 초등, 중등, 고등학생이었습니다. 아는 사람은 알겠지만 우리나라는 강남과 강남이 아닌 곳, 서울과 서울이 아닌 곳, 수도권과 수도권이 아닌 곳의 교육 격차가 큽니다. 상상 이상이죠. 하지만 그렇다고 지방에 사는 친구들이 공부를 잘하고 싶지 않거나, 좋은 대학에 들어가고 싶지 않은 것은 아니에요. 오히려 조그마한 정보라도 얻기 위해 열심히 발품을 파는 친구들이 많습니다. 그런 친구들에게 스터디헬퍼 블로그는 꽤나 유용했죠. 지방에서는 접하기 힘든 정보를 주는 건 물론이고, 자신들이 가고 싶은 대학에 다니는 '예비' 선배가 소통까지 해줬으니 말이죠. 함께 창업했던 선배와 저는 매일매일 올라오는 아이들의 질문과 궁금증을 즉시 해결해 주려 24시간 내내 블로그에 상주하곤 했었죠.

그런데 만약 스터디헬퍼 블로그가 처음부터 '우리는 사업을 할 거야'라는 느낌으로 운영되었으면 어땠을까요? 아마 원하는 만큼 좋은 반응을 얻기는 어려웠을 겁니다. 커뮤니티는 말 그대로 커뮤니티입니다. 사람과 사람이 만나 '관계'를 형성하는 곳이죠. 알지도 못하는 사람이 갑자기 나타나서 '이 물건 살래요?'라고 말하면 팔기가 쉽지 않을 거예요. 판다고 하더라도 원하는 만큼의 효율은 나오지 않을 거고요.

아마 여러분이 이 책을 읽는 이 순간에도 새로운 플랫폼에서, 새로운 방법론으로 커뮤니티를 운영해야 한다는 이야기가 나오고 있을 겁니다. 멋진 용어와 표현으로 그걸 '가르치는' 사람도 생겨나겠죠. 하지만 결국 본질은 같다는 사실을 잊지 않아야 합니다. 고객이 원하는 것을, 만족할 때까지, 진심으로 줄 때 커뮤니티가 돌아가기 시작한다는 것을 말이죠.

묻습니다. 궁금한 것을, 의도 없이 : 심층 인터뷰하기

커뮤니티에 참여하는 사용자의 목적은 한 가지일지 모르지만, 만들고 키워 가는 사람의 입장에서 커뮤니티를 운영하는 목적은 다양할 수 있습니다. 《커뮤니티는 어떻게 브랜드의 무기가 되는가》의 이승윤 저자는 목적에 따른 커뮤니티 유형을 크게 4가지로 분류합니다.

우선 첫 번째는 '정보 교류형' 커뮤니티입니다. 자신들이 만든 제품 혹은 서비스에 관한 다양한 정보를 제공함으로써 고객 만족도를 높이고 소통을 활성화하는 것을 목표로 하는 커뮤니티죠. 두 번째는 '제품 연계 고객 경험 서비스 제공형' 커뮤니티입니다. 말 그대로 제품과 연계된 다양한 경험을 누릴 수 있는 커뮤니티에 해당하죠. 세 번째는 '고객 참여감 고취형' 커뮤니티입니다. 고객들로부터 다양한 혁신 아이디어를 얻기 위해 기업이 주도하여 운영하는 커뮤니티를 말하죠. 네 번째는 '소비자 전문가 활용형' 커뮤니티입니다. 우리 제품 혹은 서비스의 '찐팬'을 핵심 멤버로 만들어 그들의 정보가 다른 사용자에게 널리 퍼져나가거나, 그들로부터 제품의 개발 혹은 개선을 위한 아이디어를 얻는 것을 목적으로 하죠.

커뮤니티가 돌아가기 시작하면 자연스럽게 고객의 문제를 확인할 수 있습니다. 내가 진심으로 대한 것처럼 커뮤니티의 구성원들도 진심으로 자신의 문제를 이야기해 줄 테니까요. 스터디헬퍼도 이 과정에서 자연스럽게 알게 된 문제들을 해결해 주기 위해 시작한 앱이었죠.

하지만 온라인에 구축한 커뮤니티만으로는 묻고 싶은 것을 모두 묻지 못할 때도 있습니다. 짧은 메시지 중심으로 대화가 이루어지다 보니 내용이 축약될 때도 많고, 정작 중요한 부분을 설명하지 않을 때도 많거든요. 이럴 때는 **심층 인터뷰**를 통해 고객들의 문제를 확인하는 수밖에 없습니다.

커뮤니티가 어느 정도 구축되었다면, 예비 고객을 직접 만나는 것도 쉬워집니다. 우리와 평소에 열심히 이야기하고, 피드백해 주는 사람들에게 '만나 달라'고 부탁하면 되니까요. 물론 그렇다고 열이면 열, 모두가 만나 주는 건 당연히 아닙니다. 시간과 공간의 한계가 있을 수도 있고요. 낯선 사람을 만나기가 부끄러운, 저 같은 I형의 사람일 수도 있죠. 통상 10명 중 1명, 운이 좋으면 2~3명 정도 '가능하다'는 답변이 올 겁니다. 가급적 가설 속 타깃에 해당하는 사람들을 많이, 다양하게 만나는 것이 좋습니다.

> **:: 인터뷰 전에 준비해야 할 것들**
>
> 박지수 전 '뱅크샐러드' CPO는 자신의 책 《팔리는 프로덕트》를 통해 인터뷰를 진행하기 전, 인터뷰의 개요를 잘 구성해야 한다고 말합니다. 인터뷰 개요의 구성이란 말 그대로 인터뷰를 진행하는 데 필요한 사항을 구체적으로 정하는 것을 말합니다. 인터뷰의 목적과 인터뷰이의 조건, 시간과 장소, 소요 시간, 사례금, 인터뷰어 등이 그것이죠.
>
> 이 중 가장 먼저 정해야 하는 것은 인터뷰의 목적입니다. 다시 말해 '왜 이 인터뷰를 해야 하는지'를 명확히 정해야 한다는 것이죠. 다음으론 섭외할 인터뷰이의 조건을 정할 차례입니다. 가령, 스터디헬퍼처럼 중고등학생의 공부를 돕는 앱을 만드는 것이 목표인데 '나는 공부 말고 다른 길을 걸어 성공하겠다'고 다짐한 학생을 만난다면 어떨까요? 당연히 좋은 인터뷰 결과를 기대하기는 어려울 겁니다. 인터뷰의 목적에 맞는 인터뷰이를 찾을 방법을 강구해야 하죠.
>
> 다음으로는 인터뷰 장소와 소요 시간, 사례금, 인터뷰어 등을 정할 차례입니다. 최대한 효율적으로 진행하되 인터뷰이가 쉽고 편하게 이야기할 수 있는 환경을 만드는 것이 중요합니다. 예를 들어, 중고등학생을 인터뷰이로 설정했다면 방과 후 해당 학생이 다니는 학교나 학원 근처로 인터뷰 장소를 잡는 것이 좋을 겁니다. 더불어 온라인보다는 오프라인에서 1~2시간 이내로 인터뷰를 진행하는 것이 좋습니다. 인터뷰이가 부담을 느끼진 않지만 적극적으로 참여할 마음을 가질 수 있을 정도의 사례금을 지급하는 것도 중요하죠.
>
> 박지수 전 CPO는 이와 더불어 '우리처럼 제품을 만드는 사람'은 인터뷰 대상에서 제외해야 한다고 조언합니다. 이들은 제품을 쓰는 입장보다는 제품을 '만드는' 입장에 서서 의견을 낼 가능성이 크기 때문이죠.

심층 인터뷰에서 질문해야 할 내용은 크게 3가지입니다.

하나. 고객이 겪는 문제가 무엇인지?
둘. 그 문제를 해결하는 자신만의 노하우가 있는지?
셋. 해당 분야와 관련해 평소 자주 하는 행동은 무엇인지?

여기서 고객이 겪는 문제란 단순히 '불편하다' 수준이 아닙니다. "그것만 해결되면 무조건 돈 내죠!" 하는 거예요. 예를 들어 저는 평소에 심한 거북목에 어깨 통증이 심한 편인데요. 큰 시간과 노력 들이지 않고 이 문제를 해결할 수 있다면 몇백, 몇천 만 원 내는 건 조금도 아깝지 않을 것 같아요. 바로 이런 문제를 찾아야 하는 겁니다. 적극적인 비용 지불 의사를 확인할 수 있는 문제를 찾아야 하죠.

문제를 가진 사람은 나름의 해결책도 가지고 있습니다. 그 해결책을 듣다 보면, 그 문제를 가장 효과적으로 해결할 수 있는 제품 아이디어를 도출할 수도 있죠. 해결책을 가진 사람을 만나지 못하더라도 괜찮습니다. 어쩌면 우리는 아무도 해결하지 못한, 정말로 제대로 된 블루오션을 찾은 건지도 모르니까요.

마지막 질문, 즉 '해당 분야와 관련해 평소 자주 하는 행동'은 고객이 그 문제와 얼마나 자주 부딪히는지를 묻는 것입니다. 나름 큰 문제라고 생각했지만, 그 문제가 기껏해야 몇 년에 한 번 겪는 거라면 어떨까요? 수많은 사람이 무조건 한 번은 겪는 문제거나 문제를 한 번 해결할 때마다 아주 큰 매출이 발생하는 것이 아니라면, 그 문제를 해결해 주는 것이 '사업적으로'는 유의미하지 못할 수 있습니다.

마지막으로 심층 인터뷰에서 반드시 주의해야 할 점은 '절대로 인터뷰어가 답을 의도해서는 안 된다'는 겁니다. 인터뷰에 응해준 사람은 대체로 착하고, 친절해요. 게다가 호감을 가지고 처음으로 만난 우리에게 좋은 말을 해주고 싶죠. 이 때문에 원하는 답을 유도하면 그 답을 자연스럽게 말해 줄 가능성이 커요. "와, 그럼 이러한 제품이 나오면 유료로 구매하시겠네요?"처럼 말이죠. 궁금한 것을 많이 묻되 절대로 관찰자 혹은 질문자의 영역을 벗어나서는 안 됩니다. 답을 유도하는 순간, 우리는 또다시 안 살 것을 사겠다고 말하는 '고객 아닌 고객'을 만나게 될 테니까요.

How To Do

커뮤니티 설계하기

▶ 템플릿 : bit.ly/4962Yuh

'어떤' 고객을 위해 '어떤' 커뮤니티를 만들 수 있을까요?

1. 커뮤니티를 찾은 고객의 문제 :

_____

2. 커뮤니티에서 달성할 공통의 목표 :

_____

3. 1, 2를 위해 커뮤니티에서 제공할 것 :

_____

4. 수요를 확인하는 세 번째 방법, 팔아 보기

> **What To Do**
> - '안 팔리는 제품을 공들여 만든' 경험이 있는지 생각해 보고, 어떤 실수를 했는지 떠올려 본다.
> - 다양한 프리토타이핑 방법 중 현재 상황에 가장 적합한 방법은 무엇인지 고민해 본다.

고객의 문제를 확인하는 두 번째 방법은 '직접 팔아 보기'입니다. 흔히 이 과정을 **PMF**, 즉 **프로덕트 마켓 핏** Product Market Fit 을 찾는다고 하죠. 이는 문제를 가장 쉽고, 빠르고, 명확하게 확인하는 방법이기도 합니다.

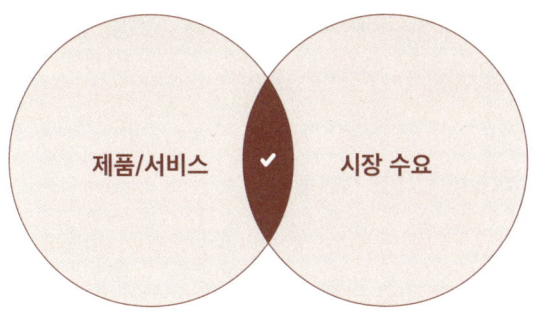

프로덕트 마켓 핏

시중에 나와 있는 여러 책이나 강의, 연재 글에서 쉽게 PMF를 찾는 다양한 방식과 사례를 발견할 수 있습니다. 실제로 많은 사람이 이 방식을 그대로 자신의 서비스 또는 제품에 적용해서 본인이 세운 가설을 검증하려고도 합니다. 절대 나쁜 방법은 아닙니다. PMF를 찾지 않는 것보다 낫고, 완전히 잘못된 방법으로 검증하는 것보다 좋죠. 다만, 여기에는 한 가지 함정이 있습니다. 바로 그 정보를 접한 날과 내가 PMF를 검증하는 시기에 일종의 '시차'가 존재한다는 것이죠.

가령 PMF를 찾는 과정에서 가장 많은 사람이 참고하는 도서인《아이디어 불패의 법칙》을 떠올려 보죠. 이 책은 2019년 2월 미국에서 최초로 출간되었습니다. 한국에는 다음 해인 2020년에 처음으로 소개되었고요. 이 말은 즉, 여러분이 PMF를 찾으려는 시기와 책이 나온 시기 사이에 몇 년이라는 꽤 오랜 시차가 존재한다는 것을 의미합니다. '당시에는' 유효했지만 지금은 그렇지 않은 것들도 분명 존재합니다. 시대는 빠르게 변하고 있고, 그 변화에 발맞춰 더 '효율적인' 방식으로 성공을 일구어 내겠다는 사람들의 열망 또한 점점 커지고 있으니까요. 중요한 건 방법이나 사례가 아닙니다. 우리가 이 과정을 왜 거쳐야 하는지 그리고 이 과정을 통해 얻으려는 것이 무엇인지죠.

안 팔릴 상품을 공들여 만드는 사람들

지금까지 제품은 빨리 만드는 게 중요한 것이 아니라고 여러 번 반복해서 이야기했습니다. 제품을 만들기 전 고객의 문제를 제대로 확인하는 것이 더 중요하기 때문이죠. 그리고 고객의 문제를 확인하기 위해선 제대로 된 데이터를 모아야 한다고 했어요. 그 데이터는 응답자가 스스로 속이지 않고, 제품이 갖춰야 할 최소한의 윤곽이 갖춰진 상태에서 수집해야 하며,

실제로 우리의 서비스를 사용 또는 구매하고자 하는지 확인할 수 있어야 하죠.

하지만 많은 사람이 가설을 검증할 때 이 과정을 생략합니다. 이들이 데이터를 수집하는 방식은 이렇습니다. 우선 내가 평소에 겪은 문제를 떠올립니다. 그리고 그 문제를 해결할 나름의 아이디어를 생각하죠. '오, 이거 괜찮은데?' 싶으면 그 아이디어가 어떤지 친한 친구, 가족, 연인에게 물어봅니다. 조금 더 많은 사람에게 물어볼까 싶기도 하지만, 보통 질문은 가장 믿을만한 사람 5~10명 정도에서 그칩니다. 이렇게 좋은 아이디어를 어설프게 이 사람, 저 사람 물어봤다가 빼앗길지도 모르니까요. 주변 사람들에게 받은 피드백을 바탕으로 서비스를 만듭니다. 그리고 아무 일도 일어나지 않죠.

이런 오류를 범해서는 안 됩니다. 아무도 원하지 않는 제품 혹은 나를 포함한 극히 일부의 사람만 원하는 제품을 만들어서는 안 되죠. 다른 건 중요하지 않아요. 그저 내가 확인하고자 하는 가설을 제대로 검증해야 합니다. 그저 말로만 구매 의사를 물어보는 오류를 범해서도 안 되죠. 우리는 우리의 제품을 팔아 봐야 합니다. 제품이 없는데 어떻게 파냐고요? 지금부터 제품 없이 수요를 확인하는 방법과 구체적인 사례를 살펴보도록 하겠습니다.

안 만들어도 팔 수 있다

제품을 만들지 않고도 실험해 보는 방법 중 하나는 **프리토타이핑**Pretotyping이라 불리는 기술입니다. 앞서 언급했던 알베르토 사보이아의 책 《아이디어 불패의 법칙》에 소개된 방법이죠. 프로토타입은 그럴듯한 시제품을 말하지만, 프리토타이핑은 프로토타입조차 만들기 전에 사용자 반응을 확인하는 방법입니다. 아주 적은 비용과 시간을 들여서 아이디어를 검증하고 발전시킬 수 있다는 것이 가장 큰 특징이에요.

2가지 예를 들어볼게요. 우선 첫 번째는 숙소 공유 서비스 '에어비앤비'의 사례입니다. 에어비앤비는 공동 설립자 조 게비아 Joe Gebbia 와 브라이언 체스키 Brian Chesky 두 청년이 아파트 월세를 내기 위한 아이디어로 시작됐습니다. 두 사람은 당장 돈이 필요했고, 그나마 자신들이 팔 수 있는 거라곤 방 한 칸과 거기 놓인 에어매트리스 자리 3개뿐이었죠. 급한 대로 여기서 하룻밤을 자고, 간단한 아침 식사를 제공하는 상품을 만들었습니다. 도메인을 사서 아파트 위치가 표시된 한 페이지짜리 웹사이트를 제작했죠. 지역 생활 정보지에 광고도 냈어요. 그리고 얼마 뒤 남자 두 명과 여자 한 명이 이 상품을 이용했죠.

두 사람은 이 상품이 판매된다는 사실에 고무되었습니다. 이내 자신들의 아파트에 남는 자리만 파는 일에서 그치지 않았어요. 자신의 방 또는 집을 공유하려는 사람과 이를 이용하고 싶어 하는 사람들을 연결해 주는 사업을 떠올리게 된 거죠. 그렇게 에어비앤비는 꾸준한 노력과 성장 끝에 2020년 상장 첫 날에 시총 100조 원을 기록하며 성공적으로 상장했습니다.

만약 에어비앤비의 두 설립자가 이런 시도를 하지 않았다면 어땠을까요? 어쩌면 머릿속에 비슷한 아이디어가 떠올랐더라도 '이건 안 된다'며 포기하고 말았을지도 모릅니다. '모르는 사람과 모르는 사람을 연결한다니 이거 너무 위험한데'라거나 '호텔, 콘도 같은 숙박업소도 많은데 이런 서비스를 이용할 사람이 있을까'라면서 말이죠.

두 번째 사례도 우리에게 잘 알려진 브랜드가 진행한 프로토타이핑에 관한 내용입니다. 바로 '맥도날드'인데요. 혹시 여러분은 필리핀 맥도날드에 '맥스파게티'라는 메뉴가 있다는 사실, 알고 계신가요? 맞아요. 바로 햄버거 매장에서 스파게티를 팔고 있습니다.

이 새로운 메뉴를 선보이기 전, 관계자들은 맥도날드에서 스파게티를 판매하면 얼마나 반응이 있을지 궁금했습니다. 그래서 프로토타이핑을 진행하기로 했어요. 방법은 단순했습니다. 메뉴판에 그저 '맥스파게티'라는 이름의 메뉴 하나를 추가했을 뿐이죠. 심지어 실제 제품이 없었던 것은 물론, 제품 테스트도 하기 전이었죠. 실패할지도 모르는 이 거대한(?) 도전에 너무 많은 비용을 쏟고 싶지는 않았기 때문이죠. 실제로 주문이 들어오면 어떻게 했냐고요? 적당히 솔직하게 둘러대기로 했습니다. 아직 출시가 안 됐는데 (물론 앞으로 출시가 될지도 모르지만) 메뉴판에 먼저 들어갔다고 대답한 거죠. 그 뒤 주문을 받은 점원은 어떤 사람이, 몇 개의 맥스파게티를, 몇 시에 주문했는지 등 각종 데이터를 기록해 담당자에게 전달했습니다. 그리고 이 과정을 거쳐 필리핀 맥도날드는 기존에 판매하던 것과는 완전히 다른 메뉴를 추가할 수 있게 되었죠.

프리토타입의 8가지 방법

한동안 스타트업계에 프리토타이핑 열풍을 불러일으켰던 책, 《아이디어 불패의 법칙》에는 총 8가지의 프리토타입 방법이 소개되어 있습니다. 여기서는 해당 방법들을 함께 간략히 살펴보도록 하겠습니다.

하나. 미케니컬 터크 Mechanical Turk 프리토타입

미케니컬 터크는 커다란 상자 위에 터키인의 모습을 한 인형 상반신이 있고, 그 앞에 체스판이 놓여 있는 기계 장치를 말합니다. 프랑스의 황제 나폴레옹도 이 기계와 체스 대결을 펼친 적이 있었다고 해요.

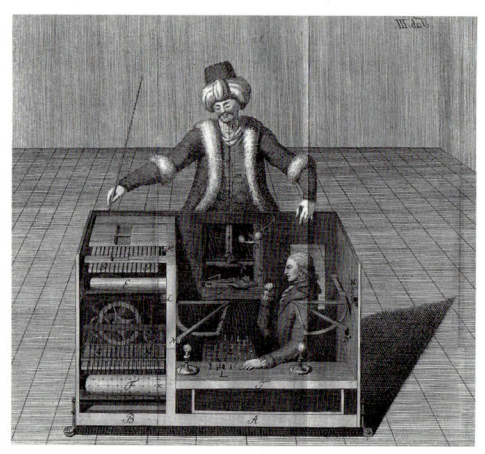

미케니컬 터크

사실 미케니컬 터크는 상자 속에 작은 체구의 프로 체스 선수가 숨어서 마네킹을 조종한 일종의 사기극이었습니다. 미케티컬 터크 프리토타입은 이처럼 필요한 기술 또는 기계가 개발되지 않은 상황에서 사람이 은밀하게 그 기술을 대신 구현하는 것이 가능할 때 이상적으로 활용할 수 있는 방법입니다. 우리가 앞서 살펴본 IBM의 예도 미케니컬 터크 프리토타입에 속하죠.

둘. 피노키오 Pinocchio 프리토타입

우리가 잘 아는 목각 인형 피노키오의 이름을 딴 방식입니다. 대표적인 예로 팜 파일럿 PalmPilot 이라는 PDA의 개발을 예로 들 수 있습니다. 팜파일럿의 개발자인 제프 호킨스 Jeffrey Hawkins 는 시제품을 개발하기 전, 나무토막을 자르고 나무젓가락을 깎아 PDA와 유사한 형태의 모형을 만들었습니다. 그리고 몇 주 동안 모형을 들고 다니며 이러한 형태를 가진 기계의 필요성을 따져보았죠. 예를 들어 누군가 미팅 요청을 하면 이 모형을 꺼내 일정을 확인하는 흉내를 내는 식으로요. 그는 이 실험을 통해 팜 파일럿의 필요성과 반드시 탑재되어야 할 기능을 확인할 수 있었습니다. 그리고 이를 통해 사용자 친화적인 기계를 보다 쉽게 개발할 수 있었죠.

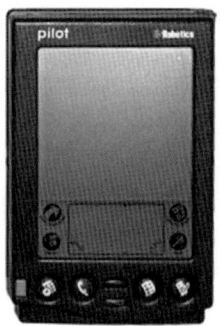

상용화된 PDA, '팜'

셋. 가짜 문 Fake Door 프리토타입

아직 내놓을 만한 것이 없지만, 마치 어떤 제품이나 서비스가 존재하는 것처럼 보이게 만들어 수요를 확인하는 방법입니다. 간단한 웹페이지를 제작하거나 광고를 게재할 수도 있고, 매장 입구만 설치해 실제로 사람이 들어오는지 확인할 수도 있죠. 얼마나 많은 사람이 우리의 아이디어에 관심을 가질지 확인할 수 있는 쉽고, 빠른 방법이라고 할 수 있습니다.

넷. 외관 Facade 프리토타입

가짜 문 프리토타입에서 한발 더 나아간 방식입니다. 가짜 문 프리토타입이 말 그대로 문만 존재해 실제로 열 수는 없다면, 외관 프리토타입은 문까지 여는 것은 가능한 단계까지 구현한 것입니다. 가령, 자동차 직거래 사이트를 개설했다고 생각해 보죠. 가짜 문 프리토타입은 고객이 구매하기 버튼을 누르면 '구매가 불가하다'는 메시지를 제공했을 겁니다. 하지만 외관 프리토타입은 어떤 형태로든 해당 고객이 실제로 자동차를 구매할 수 있게 해줄 거예요. 웹페이지의 모든 기능이 완벽하게 구현되어 있지는 않거나, 뒤에서는 사람이 뛰어다니더라도 말이죠.

다섯. 유튜브 Youtube 프리토타입

제품 또는 서비스를 소개하는 영상을 제작하고, 이를 유튜브 등 동영상 플랫폼에 올려 사용자 반응을 확인하는 방법입니다. 다른 기법과 마찬가지로 화려한 영상을 만들기보다는 아이디어의 본질을 잘 전달할 수 있는 범위 내에서 빠르고, 저렴하게 만드는 것이 중요하죠.

여섯. 하룻밤 One-Night Stand 프리토타입

장기적인 목표를 세워 데이터를 얻는 것이 아닌, 단기간에 꼭 필요한 수준의 데이터만 확보하는 방식을 말합니다. 앞서 살펴본 에어비앤비의 사례가 하룻밤 프리토타입의 대표적인 예이죠.

일곱. 잠입자 Infiltrator 프리토타입

마치 잠입자처럼 다른 사람 혹은 기업의 판매 채널에 우리 제품을 끼워 넣는 방식을 말합니다. 따로 판매 채널을 만들거나 마케팅을 하지 않아도 되기 때문에 상당히 비용면에서 효율적인 방식이죠. 잠입자라는 표현 때문에 괜히 합법이 아닌 것처럼 들리지만 사실 우리 주변에서도 꽤 자주 쓰이는 프리토타이핑 기법의 하나입니다. 비슷한 환경, 규모의 스타트업끼리 판매 채널 등을 공유하며 서로의 실험을 도와주는 경우가 대표적인 예라고 할 수 있죠.

여덟. 상표 바꾸기 Relabel 프리토타입

제품의 상표를 바꿔서 출시된 제품인 척하며 사람들의 관심 여부를 확인하는 방법입니다. 예를 들어, 도서 출간 전 서점에서 판매하고자 하는 제목이 담긴 형태로 책의 표지만 바꿔놓고 사람들이 이 책에 얼마나 관심을 보이는지 관찰할 수 있죠.

프리토타입은 무조건 많이 해본다고 해서 효과적이지 않습니다. 오히려 현재 내가 기획 중인 제품 혹은 서비스에 가장 적합한 방식을 찾는 것이 중요하죠. 또, 필요하다면 몇 가지 방식을 적절히 조합하여 사용하는 것도 좋습니다. 실험 자체가 중요한 것이 아니라 이를 통해 잠재 고객의 구매 의사를 빠르게 파악하는 것이 중요하다는 점, 꼭 기억해 주세요.

빨리, 싸게 만들어서, 얼른 팔아 보자

프리토타이핑의 핵심은 2가지입니다. 실제 제품을 만드는 것보다 빠르고, 저렴해야 하며 프리토타이핑을 사용하는 사용자들로부터 '구매 의사가 높다'는 사실을 확인할 수 있어야 합니다. 다행히 우리는 에어비앤비와 맥도날드가 실험을 하던 시기보다 훨씬 더 진보된 시대를 살고 있습니다. 더 저렴한 비용, 더 쉬운 방법으로 우리의 가설을 실험할 방법들이 존재하죠.

노코드 툴 활용하기

노코드는 복잡한 컴퓨터 프로그래밍 언어, 즉 코드 없이 앱이나 웹 같은 소프트웨어를 개발할 수 있는 환경을 말합니다. 마우스 몇 번만 움직여 기능과 버튼을 추가하거나 이미 만들어진 템플릿에 필요한 기능 혹은 내용만 입력하면 원하는 서비스가 완성되죠.

사실 노코드는 우리에게 꽤나 익숙한 기술입니다. 자신만의 쇼핑몰을 쉽게 뚝딱 만들 수 있는 '식스샵'이나 '아임웹', 잘 다듬어진 문서를 작업하고 해당 페이지를 쉽게 공유할 수 있는 '노션', 복잡한 이메일 마케팅을 자동화할 수 있는 '메일침프'와 '스티비' 등이 모두 넓은 범주에서 노코드 서비스라 볼 수 있기 때문이죠.

더 정교한 결과물을 만들 수 있는 서비스도 있습니다. 모바일 앱을 쉽게 만들 수 있는 '글라이드'나 '아달로', 웹앱 개발이 가능한 '버블', 업무 자동화를 도와주는 '자피어', 손쉽게 결제 시스템을 구현할 수 있는 '스트라이프'와 '페이플'을 이용하면 훨씬 더 자유도 높은 서비스를 만들 수도 있죠.

노코드 툴을 이용해 서비스를 만들고, 투자 유치까지 성공한 사례도 있습니다. 바로 운동맘을 위한 커뮤니티 서비스인 '히로인스'인데요. 한국경제신문 기자 출신이자, 리멤버에서는 PO를 맡았던 남윤선 대표가 만든 서비스입니다.

남윤선 대표는 IT 스타트업에서 PO를 경험했지만, 개발자를 고용해 서비스를 만들 생각부터 하지 않았습니다. 오히려 개발자 없이 간단한 형태의 개발이 가능한 노코드 툴을 이용해 **MVP** Minimum Viable Product, 최소 기능 제품 버전을 만들었죠. 여러 아이디어가 있었지만 우선 운동하는 엄마들을 위한 커뮤니티 기능만 개발했습니다. 그것도 웹 버전만 만들기로 합니다. 기획부터 개발, 론칭까지 불과 3주가 소요됐죠.

론칭 후 다양한 활동을 통해 해당 아이템에 사업화 가능성이 있다는 것을 확인했고, 차근차근 사용자가 원하는 기능을 추가하고, 개선해 나갔습니다. 다양한 운동 정보를 제공하는 매거진, 꾸준히 운동할 수 있도록 돕는 운동일기 기능도 추가했죠. 그리고 서비스 론칭 5개월 만에 4억 원 규모의 시드 투자를 유치했습니다.

물론 아직까진 직접 코딩해서 만든 서비스처럼 완벽하진 않습니다. 하지만 개발에 소요되는 비용과 기한을 극단적으로 줄일 수 있다는 게 가장 큰 장점이죠. 제가 운영하는 지식 콘텐츠 구독 서비스인 '언리드북'은 '블루닷'이라는 노코드 툴을 활용했습니다. 기획부터 개발까지 1개월이 채 안 걸렸고요. 개발에 들어간 비용은 10만 원 미만의 월 구독료뿐입니다. 텍스트와 음성 콘텐츠 구독 서비스를 제공하고, 영상 콘텐츠까지 판매할 수 있는 사이트를 만드는 데 채 100만 원이 안 들어간 겁니다.

노코드 툴 '블루닷' (bluedot.so)

최소 비용을 들였지만 여기서 얻을 수 있는 데이터는 그 이상입니다. 콘텐츠의 주제별 전환율을 확인할 수도 있고 영상 강의의 상품화 가능성을 따져보기도 하죠. 반응이 좋은 콘텐츠는 조금 더 다양한 형식으로 만들어 유통하거나 B2B 혹은 B2G 판매를 제안하기도 합니다. 실제로 이 방식을 통해 올해만 수천, 수백만 원대의 콘텐츠 제작 계약을 여러 건 수주할 수 있었죠. 만약 별도의 개발을 통해 매달 수백만 원의 비용을 지불해야 했다면 해보지 못했을 실험과 데이터 수집, 영업, 판매 과정을 이어가는 겁니다.

종류	특징	예시
커머스	쇼핑몰을 쉽게 제작	sixshop / Imweb
문서/웹 페이지	잘 다듬어진 문서를 작업하고 해당 페이지를 쉽게 공유	Notion / ghost
이메일 마케팅	복잡한 이메일 마케팅 자동화	MailChimp / Stibee

노코드 서비스의 종류

크라우드 펀딩하기

두 번째 방법은 크라우드 펀딩 플랫폼을 활용하는 겁니다. 크라우드 펀딩은 웹이나 앱 서비스보다 손에 잡히는 물건을 팔 때 더 큰 반응이 옵니다. 저는 인문학 영상 콘텐츠를 서비스할 때 <인문학 유치원>이라는 학습지를 만들어 판매해 보았습니다. 철학, 예술, 역사 등 여러 분야의 학습지를 제작하고, 해당 학습지를 손쉽게 공부할 수 있는 강의 콘텐츠와 엮어 판매한 건데요. 첫 펀딩에만 기준 목표액의 8,500%를 펀딩받았습니다. 펀딩을 도와준 PD님도 놀랐고 저희도 놀랐습니다. 투자를 검토해 보고 싶다며 연락 온 곳도 여럿 있었죠. 소위 '안 팔린다'는 지식 콘텐츠를 어떤 방식으로 판매해야 하는지 확인할 수 있는 경험이었어요.

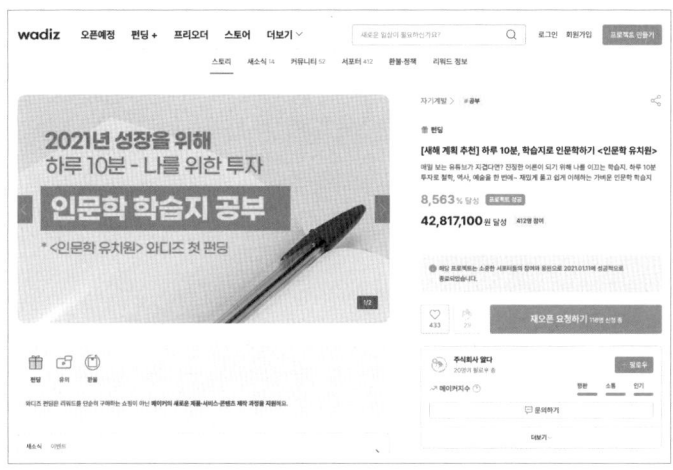

와디즈에서 진행한 <인문학 유치원> 펀딩 사례

    이 책이 나온 찌판사의 대표작 《컬처덱》도 크라우드 펀딩을 통해 고객 수요를 확인한 뒤 출판이 이루어졌습니다. 《컬처덱》은 기업의 조직문화를 기획, 설계, 선언하는 방법이 담긴 비즈니스 서적입니다. 출판사는 이 책을 서점 매대에 바로 깔지 않았어요. 대신 온라인 강의, 템플릿, 오프라인 세미나 등과 묶어 펀딩 판매를 진행했고 7,400만 원이 넘는 금액을 모금하는 데 성공했습니다. 인기 카테고리의 상품답게 인문학 유치원 시리즈보다도 더 큰 성공을 거뒀습니다. 펀딩 성공 소식 덕에 이후 서점에서의 판매도 순항했어요. 꾸준히 경제경영 분야 상위권을 유지하며 매출 발생을 이끈 거죠.

    다만, 크라우드 펀딩이 가진 한계도 명확합니다. 우선 플랫폼에 지불해야 하는 수수료율이 매우 높아요. 펀딩에 성공해도 상품을 만들고, 수수료를 내고, 이런저런 마케팅 비용까지 쓰다 보면 결과적으로 남는 것 없는 장사를 하는 경우가 많죠. 따라서 펀딩을 시작하기 전 플랫폼별로 책정된 수수료율과 필요한 마케팅 비용 등을 먼저 면밀하게 살펴볼 필요가 있습니다.

더불어 플랫폼별, 카테고리별로 펀딩에 참여하는 사람의 수도 어느 정도 정해져 있어요. 내 제품은 어떤 카테고리에 해당하는지 확인해 보고 펀딩에 성공했을 때 얻을 수 있는 매출액의 최대치를 예측해 두는 것이 좋습니다. 펀딩에 자주 참여하는 사람들은 자신이 좋다고 생각하는 상품에 돈을 아끼지 않는 경향도 강하니 가급적 다양한 제품과 혜택을 조합해 객단가를 높이는 것도 좋은 방법입니다.

노코드 툴도, 크라우드 펀딩도 과하다면?

더 간단하게 테스트를 해볼 수도 있습니다. 말 그대로 테스트만을 위한 구성을 하는 거죠. 웹사이트를 한 번에 완성하는 게 아니라 1페이지로 상세페이지 정도만 구성한 뒤 유입된 잠재 고객이 구매하기 버튼을 누르는지 확인해 볼 수도 있고요. 돈 들여 제품을 모두 만들기 전 소수만 우선 제작한 뒤 구매 여부를 확인해 볼 수도 있어요.

가령 '언리드북'을 통해 서비스한 <키워드 한국사> 강의는 기획된 총 30개 영상 중 10분의 1에 해당하는 3개 영상을 완성한 뒤 바로 판매를 시작했습니다. 대신 콘텐츠가 업로드되는 기간 동안에는 추가 할인 혜택을 제공했죠. 업로드된 영상이 3개일 때 구매하면 가장 저렴하게 구매할 수 있고, 이후에 구매하면 조금씩 가격이 오르는 구조로 판매를 진행했어요. 물론 연재를 기다려야 할 뿐, 볼 수 있는 콘텐츠의 총량은 동일했고요. 판매하는 입장에선 사용자가 어떤 반응을 보이는지, 어떤 가격대에 가장 효과적으로 판매되는지 확인할 수 있고, 사용자 입장에선 조금 더 저렴한 가격으로 콘텐츠를 구매할 수 있으니 모두에게 나쁘지 않은 실험이었죠.

다시 한 번 이야기하지만, 이 과정에서 중요한 건 실제 제품을 만드는 것보다 빠르고, 저렴해야 하며 프리토타이핑을 사용하는 사용자들로부터 '구매 의사가 높다'는 사실을 확인할 수 있어야 합니다. 하루, 이틀이면 금세 확인할 수 있는 고객의 니즈를 몇 개월씩이나 고생한 뒤에 확인할 필요는 전혀 없습니다. 잠재 고객이 제품을 얼마나 매력적으로 느끼는지, 정말로 구매할지 최대한 빠르게 알아보아야 합니다.

더불어 이 과정을 통해 얻은 잠재 고객이 이후 정식 출시 과정에도 함께할 수 있도록 지속해서 관리해야 합니다. 구매하기 버튼을 누른 사용자라면 지금 우리가 진행하는 실험의 의도를 솔직하고 정확하게 알려 주고, 이후 정식 출시 과정에서 별도의 혜택을 주겠다고 약속하는 것이 좋고요. 이렇게 받은 연락처를 통해 프로젝트의 진행 과정을 공유해 주는 것도 좋습니다.

How To Do

수요 확인할 방법 찾기

▶ 템플릿 : bit.ly/4962Yuh

제품을 개발하기 전에 어떻게 고객의 지불 의향을 알 수 있을까요? MVP를 설계해 보세요.

1. 서비스를 개발하지 않고 팔 수 있는 제품이 있을까요?

2. 얼마에 팔 예정인가요? 얼마나 판매하면 수요가 있다고 파악할 수 있을까요?

3. 이를 테스트하기 위한 구체적인 계획을 세워 보세요. 어떤 플랫폼을 활용할까요?

STEP

STEP 01
비전과 목표

STEP 02
아이디어

STEP 03
수요 확인

STEP 04
출시 & 개선

STEP 05
확장 & 성장

"신사업을 시작하기 전 자신의 역량, 목표, 호불호까지 면밀한 고민이 필요합니다.
사업이 성공하는 이유는 모두 비슷하고, **실패하는 이유**는 제각기 다르기 때문이죠."

4단계:
출시하고, 개선하기

1. 잘하는 걸 잘 해야 성공한다

> **What To Do**
> - 나를 이해하는 42개의 질문에 답해 본다.
> - 나(우리)가 잘 하는 것과 못 하는 것, 하고 싶은 것과 하고 싶지 않은 것은 무엇인지 파악한다.
> - 나(우리)가 현재 가진 자원은 어떤 것들이 있는지 정리한다.

고대 그리스의 철학자인 소크라테스 Socrates 는 유명세와는 달리 사실 별다른 이론을 만들거나 특별한 지식을 공유한 사람이 아니었습니다. 오히려 그는 늘 자신은 "아는 것이 없다."라고 말하며 다녔는데요. 얼마나 집요하게 질문했는지 한 번이라도 소크라테스와 토론을 한 사람은 보통 혀를 내두르며 그를 피해 다닐 정도였죠. 그를 죽음에 이르게 만든 재판도 집요한 질문 때문에 벌어진 일이었습니다. 이전에 그와 토론하다 수모를 당한 정치인과 유력가의 인사들이 앙심을 품고 그를 재판에 넘겼던 거죠.

어찌 됐든 소크라테스는 이 재판에 져서 독배를 들이키고 말았습니다. 그에게 주어진 죄목은 크게 2가지였어요. 바로 그리스의 청년들을 부패하게 했다는 것, 아테네에서 인정하는 신을 섬기지 않았다는 것이었죠. 소크라테스는 직접 재판에 나가서 자신을 변호했습니다. 그때 기록을 살펴보면 소크라테스는 자신이 어차피 죽을 운명이라는 걸 알고 있었습니다. 그를 향한 의심의 눈초리에 개의치 않고 당당하고 명료하게 자기 생각을 이야기하죠.

 사람들이 그에게 씌운 죄목은 중요하지 않았습니다. 어차피 고소를 당한 소크라테스나 그를 재판에 넘긴 고소인, 재판의 결과를 정할 배심원들 모두 그게 모함이라는 걸 알고 있었죠. 그래서 소크라테스는 변론의 상당 부분을 죄목이 아닌 그동안 자신을 둘러싼 소문과 모함을 해명하는 데 할애했습니다. 그중 대표적인 내용이 '소크라테스가 세상에서 가장 현명한 사람'이라는 소문에 대한 것이었죠. 고소당하기 전 소크라테스는 자신이 세상에서 가장 현명하다는 뜬금없는 소문에 관한 답을 찾기 위해 여행을 떠났습니다. 자칭, 타칭 똑똑하고 현명하다는 사람들을 모조리 만나고 다닌 거죠. 소크라테스는 이후 다음과 같이 결론을 내립니다. 아무것도 알지 못함에도 '안다'라고 착각하며 살아가는 사람들과 달리 자신은 '아는 것이 없다는 사실을 알고 있다'고 말이죠. 그리고 그 덕에 자신이 남들보다 아주 조금은 더 현명하다는 사실을 말이죠. "너 자신을 알라." 이후 이 문장은 아테네의 어느 신전에 적힌 글귀일 뿐만 아니라 소크라테스의 철학 전체를 포괄하는 핵심 문장이 됩니다.

나 자신을 알라

 뜬금없는 이야기처럼 보일 수 있지만 소크라테스의 철학은 수요 확인 단계의 '나'에 관한 항목인 '잘하는 것과 못하는 것, 좋아하는 것과 싫어하는 것 이해하기'와 관계가 있습니다. 사실 소크라테스의 목소리를 빌리지 않더라도 나 또는 우리를 탐색하는 과정은 너무나 중요합니다. 끊임없이 해야 하죠. 지금 잠시 여러분이 신사업을 탐색하게 된 계기가 무엇인지 되짚어 보세요. 무척 다양할 겁니다. 누군가는 자신의 전공을 살리기 위해, 누군가는 그동안의 경험을 바탕으로 새로운 무언가에 도전하기 위해 사업을 택했을 겁니다. 오래전부터 생각해 둔 아이디어를 실현해 보고 싶을 수도 있고, '세상을 바꾸고 싶다'라는 원대한 꿈을 품었을 수도 있어요.

그런데 생각해 보면 이 모든 이유와 동기는 결국 단 하나의 목적으로 귀결됩니다. 바로 '잘 먹고, 잘 살기'죠. '내 목적만 이룬다면 난 평생 가난하고 비참하게 살아도 관계없어'라고 생각하는 사람은 보기 드물 겁니다. 그건 2~300년 전쯤 예술 하던 사람에게나 가능한 감수성이죠. 그럼 우린 왜 잘 먹고 잘 살려고 하는 걸까요? 바로 행복해지기 위해서죠. 우린 행복해지기 위해 돈을 벌고, 행복해지기 위해 우정을 쌓고, 행복해지기 위해 사랑을 해요. 사업 역시 내가 행복하기 위해 시작한 일입니다. 하지만 자신에 대한 이해 없이 진행되는 일은 언젠가 우리를 불행하게 만듭니다. 그리고 그 불행은 나 자신 혹은 우리 팀을 집어삼키죠. 결국, 성공과는 거리가 먼 길을 가게 되고 마는 거예요. 사업을 시작하기 전 자신의 역량, 목표, 호불호까지 면밀한 고민이 필요합니다. 사업이 성공하는 이유는 모두 비슷하고, 사업이 실패하는 이유는 제각기 다르기 때문이죠.

온라인 영어 교육 서비스 '야나두'로 성공을 일군 김민철 대표는 자신의 저서 《야, 너두 할 수 있어》를 통해 '나를 알아야 한다'고 강조합니다. 그는 음식 재료와 헬스장 운동 기구에 비유해 이를 설명합니다. 음식 재료를 잘 이해하면 요리를 더 잘할 수 있고, 운동 기구를 잘 이해하면 운동을 더 효과적으로 할 수 있는 것처럼 '나'에 대한 이해도가 높아지면 나를 더 잘 활용할 수 있다는 거죠.

나에 대한 높은 이해도는 사람들이 흔히 '단점'이라 여기는 자신의 성격마저 '장점'으로 활용할 수 있습니다. 예를 들어 김민철 대표는 스스로 시기와 질투가 많은 사람이라고 정의합니다. 사람들은 일반적으로 이를 좋지 않은, 고쳐야 할 성격으로 여기는데요. 김 대표는 이러한 자신의 성격을 그대로 받아들이기로 합니다. 대신 질투의 대상이 실패하길 바라는 게 아니라, 자신도 그만큼 성공하겠다는 다짐을 하게 되었죠. 그리고 얼마 뒤 그 다짐을 지킬 수 있게 되었고요.

김민철 대표는 나를 잘 아는 사람은 어떠한 시련이 닥쳐도 이를 이겨낼 수 있다고 말합니다. 문제가 생겨도 남 탓을 하는 것이 아니라 스스로에서 원인을 찾음으로써 같은 상황을 만나더라도 다르게 행동하는 힘을 갖게 된다는 것이죠.

다음은 김민철 대표가 추천하는 나폴레온 힐 Napoleon Hill 의 '자기 분석을 위한 질문들'입니다. 시간을 내 질문에 답해 보고 나는 '어떤 사람'인지 확인해 보세요.

자기 분석을 위한 42개의 질문

1. 기분이 나쁘다고 호소하는 일이 자주 있는가? 원인은 무엇인가?
2. 일할 때 실수가 잦은가? 원인은 무엇인가?
3. 당신의 말투는 비꼬거나 공격적이지 않은가?
4. 남과 만나는 것이 귀찮다고 생각하는가? 그 이유는 무엇인가?
5. 일이 싫어진 적은 없는가? 어떤 때 싫어지는가?
6. 라이벌에게 질투를 느낄 때가 있는가?
7. 성공과 실패 중 어느 쪽을 더 많이 생각하는가?
8. 나이가 들면서 자신감이 넘치는가, 아니면 없어지는가?
9. 친구나 친척에게 피해를 준 적이 있는가? 어떤 일인가?
10. 마음이 약해지거나 의기소침한 적이 있는가?
11. 당신에게 가장 큰 영향을 주는 사람은 누구인가? 어떤 영향을 주는가?
12. 일부러 절망적 생각에 빠져든 적이 있는가?

13. 고민이 있는가? 그것은 무엇인가? 고민하면 해결이 된다고 생각하는가?

14. 술, 담배, 수면제로 고민을 해결하려고 한 적은 없는가?

15. 당신에게 잔소리하는 사람이 있는가? 있다면 원인이 무엇이라고 생각하는가?

16. 명확한 최종 목표가 있는가? 어떤 구체적인 목표인가?

17. 가난, 비판, 질병, 실연, 노화, 죽음. 6가지 공포 중 어느 것을 두려워하는가?

18. 자기 암시를 통해 마음을 다잡는가?

19. 남의 의견에 잘 따르는 편인가?

20. 당신의 지식 저장고에는 가치 있는 정보가 많이 있는가?

21. 실패나 결점을 냉정하고 끈기 있게 분석할 수 있는가?

22. 당신의 약점 3가지를 들 수 있는가? 그것을 개선할 수 있다고 생각하는가?

23. 일상에서 당신이 성장하는 데 도움이 되는 무엇인가를 받아들이는가?

24. 당신의 존재가 주변 사람들에게 부정적인 영향을 주는가?

25. 자기만의 생각과 의견이 있는가? 혹시 타인의 의견을 자기 생각처럼 떠드는 일이 많지는 않은가?

26. 항상 마음을 평정 상태로 유지하려고 노력하는가?

27. 일에 대해 신념과 희망을 가질 수 있는가?

28. 종교는 당신에게 어떤 도움이 되는가?

29. 남의 괴로움도 해결해 주려고 하는가? 이유가 무엇인가?

30. 친구들은 당신의 어떤 점에 매력을 느낀다고 생각하는가?

31. 유익한 사람과 해로운 사람을 어떤 기준으로 구별하는가?

32. 다음 사항에 대해 하루에 얼마나 시간을 할애하는가?

☑ 일 ☑ 수면 ☑ 놀이와 휴식 ☑ 유익한 지식의 수집 ☑ 낭비

33. 주위에 다음에 해당하는 사람이 있는가?

☑ 당신에게 용기를 주는 사람　☑ 당신이 경계하는 사람

☑ 항상 당신을 견제하는 사람

34. 현재 직면한 가장 큰 문제는 무엇인가?

35. 충고나 조언을 들었을 때 진심으로 받아들일 수 있는가?

36. 최고의 소망은 무엇인가? 그것을 위해 다른 모든 즐거움을 희생할 각오가 되어 있는가?

37. 마음이 자주 변하는 편인가? 원인은 무엇인가?

38. 무슨 일이든 끝까지 밀고 나가는가?

39. 직위나 학력 등으로 사람을 평가하는 편인가?

40. 다른 사람이 당신을 어떻게 생각하는지 신경이 쓰이는가?

41. 사회적 지위가 높거나 돈이 많다는 이유로 그 사람에게 접근하려고 한 적이 있는가?

42. 가장 위대하다고 생각하는 인물은 누구인가? 그가 당신보다 어떤 점이 뛰어나다고 생각하는가?

이걸 잘/좋아해요, 저건 못/싫어해요

자, 그럼 우리는 '나'와 우리 '팀'에게 어떤 질문을 던져야 할까요? 저는 크게 2단계에 거쳐 스스로 질문을 던져보라고 권하고 싶어요. 첫 번째 단계는 자신의 역량을 살펴보는 겁니다. 혼자 혹은 소수로 이루어진 팀이라면 각자의 역량을 우선하여 살펴보는 것이 좋습니다. 반대로 규모가 큰 팀이라면 조직 전체의 역량을 탐색하는 시간이 되어야 하죠.

'못'하는 것과 '안'하는 것을 구분하자

이 단계에서 가장 중요한 건 우리가 무엇을 잘 하는지 파악하는 겁니다. 우리 모두 잘 하는 게 있습니다. 우리가 앞으로 잘 해낼 일은 기존에 잘 했던 것에서 크게 벗어나지 않습니다. 펜싱 잘 하는 사람이 갑자기 검도 장비를 판다고 해서 잘 팔리지 않고, 만두를 잘 빚는다고 해서 피자까지 잘 만들지 못하는 것과 같은 이치이죠.

물론 이에 못지않게 못하는 것을 아는 것도 중요합니다. 사업을 시작할 때 우리는 모두 오각형 능력치를 가진 사람이 되길 원합니다. 축구선수로 치면 슛도 잘 쏘고, 패스도 잘 하고, 속도도 빠르고, 체력도 좋고, 수비도 잘 하는 그런 사람이죠. 실제로 사업을 시작하는 단계에서는 모든 분야에서 최소한의 능력을 갖춰야 하기도 합니다. 하지만 프로 축구선수도 그렇듯, 우리도 못 하는 것이 있어요. 못 하는 건 될 수 있으면 피해 가는 게 좋습니다. 비겁한 게 아니에요. 그저 전략일 뿐이고 영리한 선택을 하는 것일 뿐이죠.

하고 싶지 않은 것을 억지로 하지 말자

제가 처음으로 만든 서비스인 스터디헬퍼는 서비스를 종료하기 전까지 누적 다운로드 수 250만을 넘겼습니다. 구글 플레이스토어에서 상도 받았고 몇 년 동안 꾸준히 국내 교육 앱 분야 실사용자 수 1위를 차지하기도 했습니다. 문제가 있다면 '돈'이 안 된다는 거였어요. 학생들이 주로 사용하는 앱이었으니까요. 게다가 지금과는 달리 앱에서 무언가를 과금한다는 데에 꽤 거부감이 심했습니다. 학생들은 돈이 없었고, 부모님들은 학생들이 쓰는 앱에 돈을 내줄 생각이 없었죠. 광고를 붙이고 연관 상품도 팔아봤지만 원하는 수준의 매출은 나오지 않았어요. 어떻게든 상황을 타개할 방법을 찾아야 했습니다.

고민 끝에 대치동 한복판에 학원을 차렸습니다. 저희 앱 콘셉트에 따라 자기주도학습을 도와주는 일종의 관리 학원을 만들었죠. 여러 여건이 어우러진 덕분에 나름 잘 됐어요. 수익화 방안을 찾지 못해 방황했던 앱 사업도 나름의 방법을 찾아 나가기 시작했습니다. 그리고 얼마 뒤 저는 팀을 나와 엑시트 Exit 했습니다. 제가 사업을 시작하기로 마음먹었을 때 생각했던 방향과 달라졌기 때문이죠. 처음에 사업을 시작할 때 저는, 제가 중고등학생 시절 부모님이 지불하지 못했을 수준의 교육 사업은 만들고 싶지 않았어요. 그게 제가 당시 생각한 교육의 정의고, 변화였죠. 하지만 능력 부족으로 그 다짐을 지키기 어려워지자, 지키지 못할 바에는 저라도 팀에서 나오기로 한 겁니다.

시작하기 전에는 다 할 수 있을 것 같고 좋아하지 않는 일도 꾸역꾸역 해낼 수 있을 것 같지만, 막상 해보면 그렇지 않은 경우가 많습니다. 제가 그랬고, 또 많은 창업자가 그렇습니다. 솔직하고 확실하게 자신의 한계를 판단하세요. 이 단계에서 자신을 객관화하지 못하고 속인다면 그 결정은 나와 우리 팀을 향해 돌아올 수밖에 없습니다.

이걸 가졌어요

'나' 살펴보기의 두 번째 단계는 우리가 가진 자원을 확인하는 겁니다. 그리고 더 필요한 자원도 확인해야 하죠. 우리는 무엇을 얼마나 가지고 있고 또, 무엇을 필요로 하는지 알아보겠습니다.

반드시 확인해야 하는 가진 것 - 돈과 시간

우선 돈과 시간이 있겠네요. 사업을 시작하는 단계라면 가진 자본금이

나 투자금이 얼마나 남았는지, 우리가 그 자본으로 얼마나 버틸 수 있는지 계산해 봐야 합니다. 프로젝트를 위해 별도로 조직된 팀이라면 언제까지 결과물을 내놓아야 한다는 타임라인이 있을 겁니다. 돈과 시간, 이 2가지는 절대로 빼놓을 수 없는 중요한 자원입니다. 시간과 돈이 얼마 남지 않았다고 해서 조급해할 필요는 없지만, 정확하게 알고 있어야 합니다.

가져도 가져도 더 가지고 싶은 것들 - 인적, 물적, 정보, 홍보 자원

그밖에도 다양한 자원이 있습니다. 자문을 구하거나 도움을 요청할 수 있는 '인적 자원'도 있고요. 우리만 알고 있거나 접근 가능한 '정보 자원'도 있습니다. 특정 제품을 만들 수 있는 장비 같은 '물적 자원', 우리 제품을 남들보다 빨리 알릴 수 있는 '마케팅 자원'도 있겠죠.

모든 자원을 다 적거나 정리해 둘 필요는 없어요. 아직 우리는 사업의 '가설'을 세우는 거지 본격적으로 사업을 시작한 건 아니니까요. 없어서는 안 될 혹은 우리만 가진 자원을 파악하는 것만으로도 충분합니다.

How To Do

우리가 가진 자원 확인하기

▶ 템플릿 : bit.ly/4962Yuh

우리가 가진 자원은 어느 정도인지, 부족한 부분은 어떻게 마련할 것인지 확인해 보세요.

	우리가 가진 것	부족한 것과 보완 방법
인적 자원		
물적 자원		
정보 자원		
홍보 자원		

2. 사업이 작동하는 순간, 아하 모멘트

What To Do

- 일상에서 내가 느낀 아하 모멘트를 떠올려 본다.
- 잠재적 경쟁자는 어떤 식으로 아하 모멘트를 찾았는지 알아본다.
- 우리 제품의 아하 모멘트를 찾아본다.

지금까지 잘 따라온 여러분은 5단계를 거쳤을 거예요. 하나, 고객의 본질적인 문제를 파악했을 거고요. 둘, 그 문제를 해결해 줄 방법을 찾았을 겁니다. 셋, 그 방법을 토대로 1~2가지의 핵심 기능이 들어간 초기 제품을 만들었을 거고요. 넷, 실제로 이 제품이 판매될 여지가 있는지도 확인했죠. 그리고 마지막 다섯, 그 제품이 가장 잘 팔릴 수 있는 비즈니스 모델도 어느 정도 정립했을 겁니다.

해장국집에서 느낀 '아하 모멘트'

저희 동네에는 굉장히 유명한 뼈 해장국집이 있어요. 30년 넘게 장사를 한 곳이죠. TV 프로그램에선 허영만의 <백반기행>에도 나왔고 백종원의 <3대 천왕>에도 나왔다고 합니다. 주말만 되면 가게 바깥으로 길게 줄을 늘어서 있는 게 인상적입니다. 매번 줄이 늘어서 있으니 '도대체 뭐길래' 싶더라고요. 평일 저녁 줄이 없는 시간을 이용해 가게를 들렀습니다.

가게를 들어선 순간 가장 인상적인 건 청결 상태였어요. 30년이 넘은 가게이니 건물이 새것 같다거나 인테리어가 요즘 말로 '힙하다'거나 하지는 않았는데요. 그냥 정말 깨끗했어요. 손님들이 식사하는 공간은 뼈 해장국집이라는 느낌이 들지 않을 정도로 기름기 하나 없었고요. 주방 역시 '먼지 한 톨 보이지 않는다'는 표현이 어울릴 정도로 깨끗했죠. 솥을 포함한 주방 기구는 길이 잘 들었는지 윤이 반짝반짝 빛났고, 주변 벽면에도 국물이 튄 자국조차 안 보였죠.

와, 가격도 놀랍더라고요. 7,000원입니다. 아무리 뼈 해장국이 비싼 음식이 아니라고는 해도 웬만한 체인점은 한 그릇에 8,000원, 9,000원 받기 시작한 게 벌써 몇 년 전이에요. 솔직히 '맛이 별로여도 이 정도 청결과 가격이라면 용서할 수 있겠다' 싶을 정도였죠.

몇 분 뒤, 해장국이 나왔습니다. 적당히 푸짐했어요. 뚝배기에는 살코기가 넉넉하게 붙은 뼈 몇 덩이가 들어가 있었고요. 적당한 양의 우거지, 주방만큼이나 깔끔해 보이는 국물이 담겨 있었어요. 맛은 어땠냐고요? 제가 기대한 바로 그 맛이었습니다. 어디 하나 과하지 않고, 재료 하나하나가 잘 손질되었을 때 나올 수 있는 깔끔한 맛이었죠. 저는 이후에 이 집을 꽤 자주 들릅니다. 저녁을 만들기 귀찮을 때도 들르고요. 그냥 소주 한 잔 마시고 싶을 때도 들러요. 포장도 종종 합니다. 포장하면 양이 그냥 먹을 때보다 두세 배 정도는 많거든요. 소위 '단골'이 된 거예요.

우리는 좋은 제품을 소비할 때 일종의 **아하 모멘트** Aha moment 를 경험합니다. 아하 모멘트는 말 그대로 어떤 제품을 접하는 과정에서 느끼는 번뜩이는 순간을 말해요. 그저 제품의 작동 방식을 이해하는 것을 넘어 '이거 꼭 써야겠는데?' 혹은 '사길 너무 잘했는데?' 싶은 순간이죠. 뼈 해장국집에서 저는 세 번의 아하 모멘트를 경험했습니다. 가게의 '청결함'에서 한 번 경험했고요. 저렴한 '가격'에서 한 번 더 경험했어요. 그리고 마지막 깔끔한 '맛'으로 경험했죠.

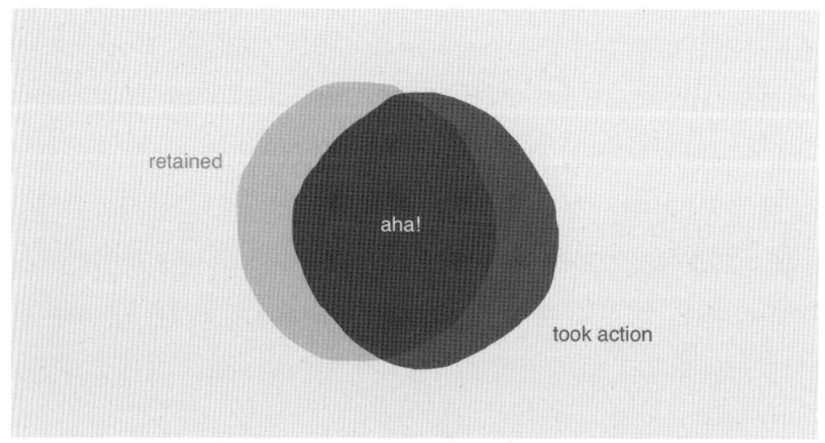

오랜 사용자와 어떤 행동을 취한 사용자 간의 교차점을 뜻하는 '아하 모멘트' (출처 : APPTIMIZE)

우리는 지금까지 계속해서 고객의 '문제'를 확인하는 방법에 대해 고민했어요. 그리고 그 문제를 해결하기 위한 제품을 만들었죠. 우리가 고객의 문제를 가장 적합한 방법으로 해결해줄 때 고객은 아하 모멘트를 경험합니다.

저는 많은 해장국집에서 풍기는 더러운 분위기를 좋아하지 않았고요. 들어가는 재료 대비 비싼 가격이 마음에 안 들었어요. 또 잡내를 가리기 위해 더 맵고, 더 자극적인 양념을 쓰는 것도 싫어했죠. 해장국집은 제가 가진 이런 '문제'를 해결했습니다. 그리고 문제를 경험하게 해준 저에게 새로움 경험을 하게 해줌으로써 저를 단골로 만들었죠.

사람들은 '언제' 고객이 될까?

모든 성공한 사업은 자신들이 만든 제품을 통해 고객이 아하 모멘트를 경험하도록 만들어주고 있습니다. 고객의 문제를 해결해 주는 멋진 제품을 만들었을 때 그리고 그 제품을 점점 더 멋지게 발전시켜 나갈 때 프로젝트는 최종 목적지, 즉 '성공' 앞으로 한 발 더 다가갈 수 있습니다.

아하 모멘트와 관련해서 가장 잘 알려진 사례는 '페이스북'입니다. 페이스북이 사용자에게 제공하는 아하 모멘트는 뭘까요? 아마도 시공간을 초월한 연결성일 겁니다. 내 친구가 지구 반대편에 있든, 나와 직접 연락을 자주 하지 않든 관계없이 서로를 연결하고, 안부를 묻고, 근황을 확인할 수 있도록 해주는 경험 말이에요.

그렇다면 고객들은 언제 우리 제품에 빠져들게 될까요? IT 분야의 경우 비교적 쉽게 아하 모멘트를 수치화할 수 있습니다. 페이스북이 폭발적으로 성장하던 시기, 페이스북은 '처음 가입한 사용자가 7일 이내에 10명 이상의 친구를 만들면 열렬한 사용자가 된다는 것을 발견했습니다. 이것이 바로 '아하 모멘트'입니다. 이 목표를 달성한 많은 사용자가 3년 이상 페이스북을 사용하게 된다는 사실을 확인한 것이죠. 이때 페이스북은 오로지 이 지표를 달성하기 위해 힘썼어요. 가입 과정에서 친구를 추가할 수 있도록 만들었고 친구 신청 페이지에 친한 친구가 한 명이라도 더 노출될 수 있도록 연락처, 거주 지역 등을 연동한 추천 시스템을 고도화했죠.

제가 서비스했던 스터디헬퍼의 아하 모멘트는 뭐였을까요? 아마 공부 시간 측정 버튼을 누르고 데이터가 차단되는 순간 그리고 그렇게 '집중해서 얻은' 공부 시간을 처음 측정해 본 순간이었을 겁니다. 저희 팀도 앱을 처음 다운로드한 사용자들이 이 경험을 할 수 있도록 애썼어요. 대표적인 예가 가입 전 시간 측정 경험이었습니다. 기존에 스터디헬퍼는 회원가입을 해야만 시간 측정 기능을 이용할 수 있었습니다. 때문에 시간 측정 기능을 써보지도 않고 앱 사용을 포기하는 경우가 많았죠. 이를 해결하기 위해 회원가입을 하기 전 시간 측정 기능을 미리 경험할 수 있도록 서비스 구조를 개편했습니다. 그리고 시간 측정이 완료되면 '지금 가입해야 당신의 공부 시간 측정 데이터를 저장할 수 있다'고 알려줬죠. 사소한 변화였지만 효과는 정말 컸어요. 가입 전환율이 기존 대비 3배 이상 올라갔죠.

'토스'는 서비스 초기 4일 이내 2번 이상 간편 송금을 경험하는 사용자가 리텐션이 높다는 사실을 확인했어요. 또한 '슬랙' 운영진은 하나의 채널에서 2,000개의 메시지가 오고 갔을 때 서비스를 꾸준히 이용한다는 사실을 확인했죠. '드랍박스'는 파일 하나를 저장할 때 'X'(전 트위터)는 30명을 팔로우할 때 사용자의 변화가 일어난다는 것을 알게 됐고요. 이 목표를 더 많은 고객이 달성할 수 있도록 팀 전체가 노력했을 겁니다. 그 결과 지금의 토스, 슬랙, 드랍박스, X가 존재할 수 있었을 테니 말이죠.

물론 IT 분야만 이런 수치화가 가능한 건 아닙니다. 식음료업에서는 '이렇게 만들면 사람들이 맛있게 먹더라' 하는 아하 모멘트, 즉 레시피가 존재하고요. 콘텐츠 분야에서는 '이렇게 만들어야 시청률 혹은 조회수가 잘 나오더라'라는 나름의 노하우가 있죠. 다시 말해, 수치화의 기준이나 방법론이 다를 뿐 분야마다 나름의 성공 방정식이 존재한다는 이야기입니다.

아하 모멘트를 '어떻게' 찾을 것인가?

물론 아하 모멘트가 모든 고객에게 100% 동일하게 적용되는 건 아닙니다. 다시 말해, 페이스북에서 7일 동안 10명의 친구를 추가한 모든 사용자가 무조건 장기 사용자가 되는 건 아니라는 이야기이죠. 어떤 사용자는 7일 동안 3명의 친구만 맺었는데도 진성 사용자가 될 수도 있고 어떤 사용자는 20명 넘게 친구를 맺었는데도 조기에 이탈할 수도 있죠.

하지만 우리가 제품을 만드는 과정, 특히 초기에 아하 모멘트를 찾아야 하는 이유는 명확합니다. 최소한의 비용으로 최대한 많은 사용자가 우리 제품을 경험할 수 있기 때문이죠. 게다가 구성원들이 하나의 목표를 향해 달려갈 수 있다는 장점도 있습니다. 그저 '더 빨리', '더 열심히'를 외치는 게 아니라 명확한 목표를 제시함으로써 더욱 효율적으로 집중할 수 있죠. 실제로 페이스북이 폭발적으로 성장하던 시기, 그로스 Growth 를 담당한 차마스 팔리하피티야 Chamath Palihapitiya 는 "페이스북의 성장에는 다른 비법 따위는 없고 모두가 7일 내 10명의 친구에 대해서 이야기하고 집중한 게 전부였다."고 이야기하기도 했습니다.

그렇다면 우리는 이 아하 모멘트를 어떻게 찾아야 할까요? 바로 고객의 데이터를 통해 찾아야 합니다. 아하 모멘트를 찾는 과정은 크게 5단계로 이루어집니다.

1단계	2단계	3단계	4단계	5단계
현재 상황 확인하기	가설 세우기	검증하기	빈도 확인하기	다시 확인하기

1단계. 현재 상황 확인하기

첫 번째 단계는 현재 상황을 이해하는 것입니다. 흔히 **리텐션**을 확인한다고 하는데요. 온라인의 경우 n일 차에 몇 퍼센트의 사용자가 계속해서 우리 서비스를 이용하는지를 살펴봄으로써 확인할 수 있죠. 예를 들어, 전날 10명이 앱을 다운로드해 다음날 5명이 사용했다면 1일 차의 리텐션은 50%입니다. 다시 다음날 3명이 사용했다면 리텐션은 30%로 떨어

졌다고 할 수 있죠.

통상적으로 30일 주기를 권장하지만, 제품의 특성에 따라 다른 기준을 두고 살펴보아도 무방합니다. 1주일에 1~2번 사용하는 서비스라면 주 단위로, 한 달에 한 번만 사용해도 되는 제품이라면 월 단위로 확인하면 되죠. 가령 치킨집에서 이 지표를 확인한다면 매일 주기로 리텐션을 구할 수는 없을 거예요. 하루도 빠짐없이 치킨을 먹을 사람은 그리 많지 않을 테니까요. 이 경우에는 조금 더 긴 호흡을 두고 기간을 확인하면 됩니다.

2단계. 가설 세우기

현재 상황을 확인했으니 다음으로 우리가 해야 할 일은 무엇이 고객의 행동에 영향을 미쳤을지 **가설**을 세우는 겁니다. 가장 쉬운 방법은 충성도 높은 고객과 조기에 이탈한 사용자 사이에 어떤 차이가 있는지 살펴보는 거예요. 가령 우리가 페이스북을 운영하는 운영자라고 생각해 보죠. SNS 앱에 충성도가 생긴 고객은 '친구 추가하기', '좋아요 누르기', '공유하기'와 같은 행동을 했을 가능성이 큽니다.

가능성 큰 행동을 추려냈다면 각 행동에 따라 가설을 세워 보는 겁니다. 예를 들어 '친구 추가하기'라는 행동을 기반으로 가설을 세운다면 '서비스에 가입한 뒤 n일 이내 친구를 n명 추가한 사용자의 리텐션이 높을 것이다'가 되죠. 만약 추려낸 행동의 종류가 많다면, 그중 리텐션에 영향을 미쳤을 가능성이 큰 2~3개의 행동만 추려서 우선 다음 작업을 진행해 보는 것도 좋습니다.

3단계. 검증하기

다음으로는 앞서 만든 가설을 **검증**할 차례입니다. 온라인 기반 서비스라면 '구글 애널리틱스' 등 다양한 데이터 분석 툴을 이용해서 해당 가설을 확인하면 되고 오프라인 기반 서비스라면 시간을 두고 해당 가설에 대한 고객의 행동을 살펴보면 됩니다.

4단계. 빈도 확인하기

특정 행동이 영향을 미쳤다는 것을 확인했다면 도대체 어떤 수치에서 변화가 일어나는지를 확인할 차례입니다. 내가 치킨집을 운영하고 있고, 할인 프로모션이 고객 리텐션에 영향을 미쳤다는 것을 확인했다면 도대체 몇 시부터, 몇 퍼센트로 할인했을 때 가장 효과적으로 고객 전환이 이루어지는지 확인해야 한다는 거죠. 10%만 할인해도 고객의 수가 늘어나는데 굳이 20~30%를 해줄 이유는 없습니다. 가장 효과적으로 많은 고객을 늘리는 게 우리의 목적이니까요.

5단계. 다시 확인하기

이렇게 확인했다고 끝은 아닙니다. 우리가 예상하지 못한 변수가 가설에 영향을 미쳤을 수도 있으니까요. 확인 당일에 경쟁 치킨집이 임시 휴업을 하는 바람에 구매 전환에 영향을 미쳤을 수도 있고요. 며칠 전에 걸어둔 배민 광고 효율이 좋아져서 구매자가 많아졌을 수도 있어요. 이런 다양한 변수들을 확인하고, 우리의 가설을 검증할 수 있는 여러 테스트를 거친 뒤에도 그 가설이 '유효'하다면 그건 이제 가설이 아닌 우리의 핵심 지표, 즉 '아하 모멘트'가 될 겁니다.

> **:: 1원 vs 1,000원**
>
> 서비스 초기, 토스는 1원 송금을 무료로 5번 정도 할 수 있도록 해주었습니다. 토스가 발견한 아하 모멘트인 '4일 안에 2번 이상 송금하는 경험'을 만들기 위해서였죠. 그렇다면 무료로 송금할 수 있는 금액을 늘려 주면 어땠을까요? 토스는 이를 실험하기 위해 일부 사용자를 대상으로 1원이 아닌 1,000원을 송금할 기회를 제공했습니다. 하지만 리텐션에는 유의미한 변화가 없었습니다. 토스 사용자들의 아하 모멘트는 송금액이 아닌 '송금 횟수'에만 연결되어 있었던 거죠.
>
> 만약 토스 팀이 이를 무시하고 '무료 송금액을 늘려 더 많은 사용자를 유치하겠다'고 외쳤다면 어땠을까요? 결론은 알 수 없지만 최소한 1명의 고객을 유치하는 데 훨씬 더 많은 금액을 쓰게 되었으리라는 사실은 자명합니다. 이로 인해 어쩌면 지금의 토스도 없었을지 모르고요.

작게, 빠르게 개선하라

아하 모멘트를 확인한 뒤에 주의해야 할 점은 하나입니다. 바로 모든 것을 한 번에 개선하려는 거죠. 제품을 고도화하려고 할 때 가장 많이 실수하는 부분이기도 합니다. A라는 문제를 해결하려다 보니 B라는 문제를 안 해결한 게 걸리고, B라는 문제도 해결하려고 보니 C라는 문제가 눈에 어른거리죠. 결국 이 문제, 저 문제 다 해결하려다 보니 개선은 점점 더 늦어집니다. 그동안 우리가 버틸 돈과 시간과 에너지는 더 많이 소모되고요.

빠르게 확인하고 개선해야 합니다. 대규모 업데이트가 아닌 소소한 개선을 빠른 호흡으로 이어나가야 해요. 가장 빠르게 개선이 일어날 수 있는 지점을 찾고, 그 부분부터 해결하기 위해 집중해야 합니다. 그렇게 고도화한 제품에서 반응이 온다는 것을 확인하면 그 다음으로 중요한 문제를 하나씩 해결해 나가면 되죠.

사실 제품을 개선하고 고도화하는 건 지난하고, 어려운 과정입니다. 처음 제품이 세상이 나왔을 때는 흥분과 기대감도 다소 잦아들었을 거고요. 짜증 섞인 고객의 불만을 받아야 하는 경우도 많겠죠. 기대만큼의 성과를 내기 위해선 더 많이, 더 애타게 뛰어야 하고, 모든 고객을 100% 만족시키는 일은 불가능에 가깝, 아니 불가능하죠.

그럼에도 지치면 안 됩니다. 우리는 이제 막 새로운 사업을 시작한 거거든요. 끊임없이 고객과 만나 묻고, 또 물어보세요. 우리 제품을 통해 도출 가능한 모든 데이터를 살피고, 그 속에서 새로운 인사이트를 발견하세요. 지치지 않고 그 과정을 해낼 때 스스로 만족할 수 있는 열매를 얻을 수 있을 겁니다. 바로 '성공'이라는 열매를 말이죠.

How To Do
아하 모멘트 찾기

▶ 템플릿 : bit.ly/4962Yuh

우리 제품의 아하 모멘트는 무엇일까요? 다음 단계를 거쳐 확인해 보세요.

1. 우리 제품의 아하 모멘트는 무엇일지 가설을 세워 보세요.

2. 내가 세운 가설은 '유효'한가요?(=리텐션에 변화가 있나요?) 만약 유효하다면 리텐션을 변화시킬 가장 '효율적인' 액션 빈도를 확인해 보세요. 유효하지 않다면 1로 돌아가 다시 한 번 가설을 세우고 검증해 보세요.

3. 그동안 확인한 변화 추이를 표 또는 그래프로 그려 보고, 그 변화에 적절한 인과관계가 있는지 확인해 보세요.

STEP

STEP 01
비전과 목표

STEP 02
아이디어

STEP 03
수요 확인

STEP 04
출시 & 개선

STEP 05
확장 & 성장

"우리가 달성해야 할 목표는 오직 한 가지라는 것만 잊지 않으면 돼요.
바로 고객의 문제를 해결해 주는 것 말이죠.
중요한 건 '얼마나 치열하게 이 문제를 고민하고 해결 방법을 찾아내느냐'입니다."

5단계:
확장하고, 성장하기

1. 투자, 꼭 필요할까?

> **What To Do**
> - 투자가 반드시 필요한지 생각해 본다.
> - 투자를 받아야 한다면 언제, 얼마나 받아야 하는지 예산해 본다.

이번 장을 시작하기 전, 우선 이 전제부터 이야기하고 넘어갈게요. 투자 유치는 절대 사업의 필수 요소가 아닙니다. 얼마 전까지만 하더라도 스타트업에게 투자는 '꼭 받아야 하는 것'이라는 인식이 강했습니다. 사실 시장이 좋았어요. 안 받을 이유가 없었죠. 얻은 결과보다 높은 가치로 회사를 평가받았고, 받은 돈으로 사용자만 많이 모으면 그다음 단계로 넘어가기도 조금은 더 쉽게 느껴졌으니까요.

하지만 좋은 시절이 가버렸습니다. 경기는 위축되었고, 고용 또한 불안합니다. 투자 시장도 마찬가지예요. 돌아가는 자금의 규모가 줄었습니다. 예전 같으면 투자 유치가 가능했을 사업인데 지금은 투자를 받는 데 실패해서 급히 규모를 축소하거나 폐업할 수밖에 없다는 이야기가 매일 같이 들려오고 있습니다.

그럼 사업을 안 해야 하냐고요? 차라리 시장이 좋아질 때까지 기다리는 게 나을 것 같다고요? 그렇지 않습니다. 상투적으로 쓰는 표현처럼 느껴질 수도 있지만 '위기는 곧 기회'이기 때문이에요. 바로 이런 이유 때문이죠.

우선 하나, 민간 투자의 규모는 다소 줄어들지도 모르지만, 스타트업이나 신사업에 투입되는 국공립 기관의 자금 지원 사업 규모는 (상대적으로) 크게 줄어들지 않았어요. 반면, 새로운 도전을 하는 사람의 수는 줄었죠. 같은 돈을 놓고 경쟁할 사람의 수가 줄어든 겁니다.

둘, 불경기가 반드시 회사의 폐업을 뜻하는 건 아닙니다. 오히려 이를 기회 삼아 조직을 합리적으로 구성하고, 당장의 매출을 적극적으로 만들어 내는 방향으로 나아갈 수도 있죠.

:: 100명이 만들던 매출을 15명이 만든 '탈잉'

재능 공유 플랫폼 '탈잉'은 2016년 서비스를 시작한 이래 매년 가파른 성장세를 보여 주었습니다. 그동안 누적 250억 원 가까운 투자를 유치했고요. 코로나19가 빠르게 확산하기 시작한 2020년에는 매출이 90억 원을 돌파하며 업계의 높은 관심을 받기도 했죠. 하지만 2022년에 들어 심각한 위기 상태에 빠졌습니다. 투자 시장이 얼어붙었기 때문이죠. 투자 시장의 정체는 다른 많은 팀에게도 위기였지만, 탈잉에게는 유난히 큰 위기로 다가왔습니다. 그간 거래액을 빠르게 늘리며 꾸준히 투자를 유치해 다음 단계를 도모하는 전략을 취해 왔기 때문이죠. 덩달아 코로나19 사태가 진정 국면으로 들어서며 매출액도 크게 줄어들었습니다. 후속 투자가 필요했지만 투자를 받기 어려운 상황이 되어버린 거죠.

탈잉은 급하게 체질 개선을 시작했습니다. 100명에 달하던 인원을 90% 가까이 줄였고, 판관비도 85%나 깎아냈죠. B2C에만 주력하던 판매 전략을 B2B와 병행하는 형태로 전환하기도 했습니다. B2B는 한 번에 큰 수익이 나고, 상대적으로 현금 흐름이 좋기 때문에 성과가 나기 시작하면 빠르게 정상화가 가능하다는 판단이었죠. 얼마 안 가서 성과가 나기 시작했어요. 월 매출은 2020년 수준으로 회복되었고요. 영업이익도 전에 없던 수준으로 높아졌죠.

탈잉의 김윤환 대표는 한 언론과의 인터뷰를 통해 "(침체한 투자 시장이) 오히려 전환할 수 있는 계기가 되었다."라고 말하기도 했습니다. 불경기가 오히려 탈잉이라는 회사, 그리고 서비스를 한 단계 성장시키는 계기가 되었던 거죠.

우리가 달성해야 할 목표는 오직 한 가지라는 것만 잊지 않으면 돼요. 바로 고객의 문제를 해결해 주는 것 말이죠. 중요한 건 '얼마나 치열하게 이 문제를 고민하고 해결 방법을 찾아내느냐'입니다. 와이콤비네이터의 공동 창업자 폴 그레이엄 Paul Graham 은 이렇게 말합니다.

"경기가 좋지 않아서 회사의 존폐를 걱정하는 창업자라면, 그건 뉴스를 볼 일이 아니다. 차라리 거울을 보라. 자신을 돌아보는 쪽이 더 나을 것이다."

투자의 단계

투자를 받아야 한다면, 받는 것 못지않게 '잘' 받는 것도 중요합니다. 무작정 많이 받는 것도 좋지 않고, 아무에게나 받는 것도 좋지 않아요. 현재 우리가 어떤 상황에 놓여 있는지, 어떤 기관 혹은 단체의 투자를 받는 것이 효과적일지 냉정하고 객관적인 관점에서 바라볼 필요가 있습니다.

투자의 단계는 일반적으로 엔젤 Angel 투자, 시드 Seed 투자, 시리즈 A, B, C 투자순으로 이어집니다. 각 단계 사이에 가교 역할을 하는 프리 시리즈 Pre-series 가 추가되는 경우도 있죠. 엔젤 투자와 시드 투자는 보통 매출이 없는 초기 단계부터 프로토타입이 나오는 시점 혹은 제품이 나온 극초기에 이루어지는 투자를 말합니다. 엑시트 경험이 있는 창업자가 아닌 이상 5,000만 원~2억 원 정도로 소액을 투자받고 일정 부분 지분을 제공하는 경우가 많죠. 이후 단계와 비교했을 때 적은 금액을 받고 상대적으로 많은 지분을 제공해야 한다는 단점도 있지만, 투자자의 도움을 바탕으로 초기 단계의 부족한 경험이나 역량 등을 보완할 수 있다는 장점도 있죠.

이후 시리즈 A, B, C로 이어지는 투자는 각각 주력하는 단계가 있는 벤처 캐피탈을 통해서 받는 경우가 많습니다. 매출, 활성 사용자 수 등 각종 성과 지표를 바탕으로 앞으로의 성장 가능성을 예측하여 투자를 받는 경우가 일반적이죠.

:: 투자 안 받고 성장한 신사업은 없을까?

투자를 받고, 적자를 내며 성장하고, 더 큰 투자를 받고, 더 큰 적자를 내며 성장하고, ……. 끊임없는 투자와 성장을 통해 시장 지배력을 키우고 마침내 흑자를 내며 성공을 거머쥐는 방식이 하나의 공식처럼 여겨지던 때가 있었습니다. 대표적인 예가 바로 '쿠팡'이죠. 쿠팡은 오랜 기간 적자 경영을 이어나갔지만, 끝없는 투자로 시장 지배력을 키워나갔고, 결국에는 이커머스 시장의 절대 강자가 되었죠.

하지만 최근 시장이 급격하게 얼어붙으면서 이런 공식을 적용하기가 어려운 시기가 와 버렸습니다. 심지어 일부 기업들은 후속 투자 유치에 차질을 빚으면서 재정적 위기를 겪거나 심한 경우 폐업을 결정하기도 했죠. 얼마 전까지만 해도 정답이었던 경영 방식이 이제는 오답에 가깝게 바뀌어버린 겁니다.

덕분에 그 반대급부로 안정적인 실적을 올리고 있지만 다소 소극적이라는 평가를 받았던 기업들이 주목받는 시기가 왔습니다. 즉, 투자를 통한 외부 자금 유입 없이 흑자를 내는 곳이 '알짜 기업'으로 평가받는 거죠.

대표적인 예가 '미드저니'입니다. 미드저니는 텍스트를 입력하면 AI가 그 내용에 맞는 이미지를 그려 주는 인공지능 소프트웨어입니다. 지난 2022년 미드저니를 통해 생성한 이미지가 미국 콜로라도주박람회 미술전에서 최우수상을 차지했다는 소식이 알려지며 유명세를 떨쳤죠. 미드저니는 창업 3년 만에 무려 2억 달러, 즉 우리 돈 2,600억 원에 가까운 연 매출을 달성했습니다. 게다가 제작 원가가 거의 들지 않는 온라인 소프트웨어라는 점에서 대부분이 순 매출에 해당한다는 것도 놀라운 부분이죠.

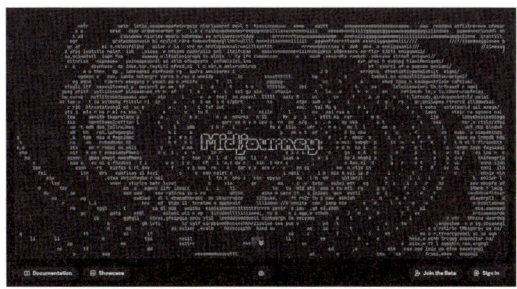

미드저니(midjourney.com)

그런데 미드저니의 창업자 데이비드 홀츠^{David Holz}는 공개적으로 벤처캐피탈의 투자는 받지 않겠다는 의사를 밝혀왔습니다. 그리고 이 입장은 지금도 완고하다고 합니다. 심지어 VC들이 홀츠의 주변인을 섭외해 "제발 투자 좀 받아 달라!"고 외치는데도 말이죠.

그럼 어떻게 하면 투자 없는 성장이 가능할까요? 관련 기사나 글을 읽어 보면 이를 각각 나름의 기준으로 분류한 경우가 많습니다만, 실은 다음의 2가지 경우뿐입니다. 바로 '빨리 많이 버는 경우'와 '많이 벌 때까지 적게 쓰는 경우'죠.

하나. 빨리 많이 버는 경우

말 그대로 자금이 소진되기도 전에 더 큰 돈을 벌어들이는 경우를 말합니다. 앞서 이야기한 미드저니가 대표적인 예죠. 이런 방식이 성공하려면 우리가 그동안 배운 사업 준비를 사전에 철저하게 할 필요가 있습니다. 더불어 계획한 대로 이후의 과정이 순탄하게 이루어지는 운도 필요하죠. 회사 문을 연 뒤 혹은 사업 팀 세팅이 이루어진 직후부터 매출이 나야 자금이 소진되는 시점보다 '빨리', 우리가 써야 할 비용보다 '많이' 벌어들일 수 있으니까요.

둘. 많이 벌 때까지 적게 쓰는 경우

하지만 '빨리 많이 버는' 건 사업을 준비하는 입장에서 현실적으로 쉬운 일이 아닙니다. 가령 홀츠가 투자 없이 빠른 성장을 이룰 수 있었던 것도 오랜 사업 경험(2008년부터 2021년까지 립모션이라는 하드웨어 주변기기 회사를 설립 및 운영함)과 초기 리스크를 감수할 수 있을 만큼의 자금 여유가 있었기 때문이었죠.

그렇기에 조금 더 현실적인 방법은 '많이 벌 때까지 적게 쓰는 경우'입니다. 불필요한 지출을 줄이고, 조직의 몸집을 최소화해서 될 때까지 버티는 거죠. 물론 버티기도 쉽지 않습니다. 자금 사정 같은 지극히 현실적인 문제는 물론 물밀듯이 밀려드는 변수(동료의 이탈, 미래에 대한 불안과 공포, 창업자의 건강 악화 등등등!)와도 맞서야 하니까요.

어떤가요. 이런 어려움 속에서도 새로운 나만의 '무언가'를 만들 준비, 되셨나요?

How To Do
투자 유치 시도 여부 결정하기

▶ 템플릿 : bit.ly/4962Yuh

우리 팀은 투자를 받아야 할까요? 다음 내용을 적고 투자 유치 시도 여부를 결정해 보세요.

1. 우리 팀의 런웨이 Runway(자금이 소진되기까지 남은 시간과 보유 현금/번 레이트로 계산)는 얼마나 남았나요?
    - 우리 팀의 런웨이는 (   ) 개월 남았어요.
    - 그 기간 동안 우리 팀의 현금 흐름(매출 등)은 더 (좋아질 / 나빠질) 가능성이 높아요.

2. 우리 팀은 투자를 받아야 할까요? 받는다면 언제 받는 것이 좋을까요?
    - 투자를 (받는 것 / 받지 않는 것)이 조금 더 효과적이에요. 그 이유는 _____ _____다. (투자를 받는다면) 그 시점은 (   ) 개월 뒤이고, (   ) 원이 필요해요.

2. 심사 주체에 따른 핵심 키워드 설정 방법

> **What To Do**
> - 참여할 수 있는 지원 사업이 있는지 확인해 본다.
> - 우리 팀 혹은 제품과 시너지를 낼 수 있는 투자처가 있는지 생각해 본다.

　투자를 받기로 하셨다고요? 혹은 지원 사업에 도전하기로 결심하셨다고요? 잘 결정하셨습니다! 그럼 더 빠른 성장을 위한 자금을 수혈할 준비를 해봐야겠네요. 사업을 시작하는 단계에서 자금을 수혈하는 방법은 크게 2가지입니다. 초기 창업 기업 지원 사업 등 정부와 기관이 운영하는 지원 사업에 참여해 지원금을 받을 수도 있고요. 초기 투자를 전문으로 하는 기관 투자사에 지분을 제공하고 투자금을 얻을 수도 있죠. 개인 투자나 대출 등 이외의 방법도 있지만, 초기 단계에서는 가능한 한 이 2가지 방법으로 자금을 유치하는 것을 권장합니다.

　중요한 건 투자를 유치하고 지원 사업에 선정되는 것도 결국 그들의 문제를 해결해 주는 과정이라는 겁니다. 그들이 원하는 문제를 우리가 대신 해결해 줄 수 있을 때 투자자 혹은 심사위원은 우리에게 높은 점수를 주고 자금을 수혈해 줄 겁니다.

지원 사업의 자금을 유치할 때

그럼 우선 정부와 기관의 관계자 혹은 심사위원들이 원하는 건 무엇일까요? 크게 2가지입니다. 첫째, 이 팀을 뽑은 것을 기관 관계자들에게 납득시킬 수 있어야 합니다. 어느 정도의 성과가 있어야 한다는 이야기죠. 제품을 만들어서 다수의 사용자를 모았거나, 적게나마 매출을 내고 있으면 좋고요. 모두가 알 만한 투자사에서 투자금을 유치했다면 더 좋습니다. 둘째, 뽑힌 팀이 정부 혹은 기관의 목표를 달성해 줄 수 있어야 한다는 겁니다. 지원 사업마다 목표는 조금씩 다르지만, 공통적으로는 '채용'의 문제를 해결해 주기를 원합니다. 지원 사업이 모두 종료되는 연말이 되면 "OO 기관이 진행한 어떤 사업으로 몇 개의 일자리가 생겨났다."라는 식의 기사를 한 번은 본 적이 있을 거예요. 그만큼 취업률을 높이는 것은 그들에게 중요한 문제인 거죠.

다른 내용을 잘 적는 것도 중요하지만, 앞서 이야기한 2가지 내용이 사업 지원서의 한 장 요약 부분에 반드시 들어가 있어야 합니다. '지금 성과를 내고 있어요. 그 성과를 바탕으로 꾸준히 성장할 겁니다. 성장하면 많이 고용해서 사회에 이바지하는 회사가 될 겁니다'라고 말이죠. 더불어 지원서 혹은 공고문에 적힌 요구 조건을 반드시 지키는 것도 중요합니다. 가령, 어떤 항목에 대해 몇 줄 혹은 몇 자 이내로 적으라는 안내가 있다면 반드시 그 기준에 맞춰 내용을 작성하는 식으로 말이죠. 단기간에 수많은 자료를 검토해야 하는 지원 사업의 특성상, 이 내용이 있는지 없는지, 얼마나 구체적인지 그리고 요구사항을 지키고 있는지를 보고 1차 합격과 탈락 여부를 결정하는 경우도 많기 때문이죠.

:: 창업 초기에 받기 좋은 정부지원 사업 5가지

기관별, 지역별, 분야별로 다양한 창업지원 사업이 존재하지만 창업 극초기에 가장 좋은 조건으로 지원을 받을 수 있는 프로그램을 꼽으라면 아래 5가지 지원 사업을 꼽을 수 있습니다. 모두 평균 1~2억 원 수준의 지원금을 제공하고, 관련 교육을 이수하여야 한다는 것이 특징인데요. 주관사별, 연도별로 기준과 지원 내용 등이 조금씩 바뀌니 공고 내용을 정확하게 확인하고 지원하는 것이 중요합니다. 주로 매년 상반기에 지원을 받으며 때때로 추경 등을 통해 하반기에 추가 지원을 받는 경우도 있습니다.

하나. 예비창업패키지(예창패)

예비창업패키지, 일명 예창패는 아직 사업자등록을 하지 않은 '예비 창업자'를 지원하는 프로그램입니다. 최대 1억 원, 평균 5,000만 원 수준의 지원을 받을 수 있고요. 각종 창업 지원 정보를 제공하거나 교육, 멘토링 등을 함께 지원합니다.

둘. 초기창업패키지(초창패)

초기창업패키지, 일명 초창패는 창업 3년 이내 기업을 지원하는 프로그램입니다. 최대 1억 원, 평균 7,000만 원 수준의 지원을 받을 수 있고요. 주관기관별로 제공하는 교육 프로그램을 이수해야 합니다.

셋. 청년창업사관학교(청창사)

청년창업사관학교, 일명 청창사는 창업 3년 이내, 만 39세 이하 청년 대표자라는 기준을 만족하는 기업을 지원하는 프로그램입니다. 최대 1억 원의 지원을 받을 수 있고요. '사관학교'인 만큼 일정 수준의 창업 교육 프로그램을 이수해야 하는 것이 특징입니다.

넷. 재도전성공패키지

재도전성공패키지는 중소기업을 폐업한 이력이 있는 예비 재창업자 또는 업력 3년 이하의 재창업자를 대상으로 지원하는 프로그램입니다. 최대 1억 원 수준의 지원을 받을 수 있고요. 주관기관별로 제공하는 교육 프로그램을 이수해야 합니다.

다섯. 창업도약패키지

창업도약패키지는 창업 3년 초과, 7년 이내 기업을 지원하는 프로그램입니다. 최대 3억 원, 평균 1.2억 원 수준의 지원을 받을 수 있고요. 대기업과 협업해 사업화를 진행하는 '협업과제 트랙' 등이 있는 것이 특징입니다.

기관 투자사의 투자를 받을 때

전문 투자사를 통해 초기 투자를 받을 때는 해당 투자사와 우리 팀이 얼마나 핏이 맞는지 보여 주어야 합니다. 같은 기관 투자사라도 각 투자사가 지향하는 방향, 원하는 팀이 조금씩 다릅니다. 헬스케어, 환경기술 등 특정 분야에 한정해 투자를 진행하는 회사도 있고 어떤 방향으로 성장하려고 하는지 면밀하게 살펴보는 경우도 많습니다. 이런 정보는 투자사 홈페이지만 들어가도 쉽게 얻을 수 있습니다. 아예 어떤 분야에 집중적으로 투자 중이라는 것을 공고하기도 하죠. 기존에 투자가 이루어진 투자사의 포트폴리오를 통해 주로 어떤 사업, 어떤 제품에 관심이 있는지 알 수도 있을 겁니다.

더불어 자금 확보에 관한 측면도 반드시 살펴보아야 합니다. 다시 말해, 필요한 금액을 확보해 줄 수 있는 곳인지, 목표 기한 내에 자금을 납입받을 수 있는 곳인지도 알아보아야 한다는 이야기죠. 가령 총 10억 원이 필요한 상황인데 최대 1억 원까지만 투자하는 곳이라면 어떨까요? 아니면 버틸 수 있는 기한이 3개월 정도에 불과한데 첫 미팅부터 자금 납입까지 평균 6개월 이상 소요되는 곳이라면 어떨까요? 당연히 좋은 결과를 얻기 어려울 겁니다.

우리가 가고자 하는 방향과 핏이 맞는 곳이라는 확신이 든다면 그때 투자 검토를 요청하고 미팅을 해보세요. 더불어 가능하면 자금에 조금이라도 여유가 있을 때 시작하는 것이 좋습니다. 당연한 말이지만 여유가 없으면 핏이 맞는 곳만 찾기도, 더 좋은 조건을 제시하기도 어렵거든요.

:: 딱 맞는 투자사를 만나는 5가지 방법

우리 팀 또는 회사와 딱 맞는 투자사를 찾기란 생각보다 쉽지 않습니다. 투자사는 대개 보안 등 여러 현실적인 이유로 투자 정보를 외부에 알리는 것을 꺼리기 때문이죠. 소개 자료를 만들어 배포하거나 자신들의 투자 성과를 외부에 적극적으로 공개하는 경우도 있지만, 이는 극소수에 불과합니다. 가능한 모든 방법을 총 동원해 투자사에 관한 다양한 정보를 얻어야 합니다. 초기 투자를 전문으로 하는 '매쉬업엔젤스'의 이택경 대표는 저서 《VC가 알려 주는 스타트업 투자 유치 전략》에서 투자자를 탐색하는 5가지 방법을 소개했습니다.

첫 번째 방법은 '투자 협회 또는 투자사 홈페이지 이용하기'입니다. 예를 들어 한국벤처캐피탈협회 홈페이지(www.kvca.or.kr)에는 회원사에 대한 간략한 소개와 함께 홈페이지 링크, 연락처 등이 공개되어 있습니다. 이를 통해 어떤 투자사들이 있는지 확인하고 컨택 포인트 등을 알아볼 수 있죠. 물론 투자사별 홈페이지로 들어가 투자 성향이나 방향성 등을 살펴볼 수도 있고요.

두 번째 방법은 '펀드 출자자 홈페이지 이용하기'입니다. 투자사들은 단수 혹은 복수의 펀드를 운용하며 투자를 진행합니다. 당연히 운용하는 펀드에 따라 투자의 방향성도 크게 바뀝니다. 주로 투자하는 분야가 달라질 수도 있고요. 특정 대상(여성 창업자, 만 39세 이하 청년 창업자, 특정 지역에 본사를 둔 기업, 설립 n년 이하 기업 등)만을 대상으로 투자하는 경우도 있습니다.

세 번째 방법은 '검색하기'입니다. 관련 미디어 또는 블로그 등을 통해 정보를 얻을 수도 있고요. 통계 사이트를 활용해 조금 더 정돈된 지표를 얻을 수도 있습니다. 심지어 해당 투자사에 소속된 파트너, 심사역의 개인 SNS 계정을 살펴봄으로써 관심 분야나 성향을 확인할 수도 있죠.

네 번째 방법은 '오프라인 행사 또는 지인을 통해 알아보기'입니다. 온라인에 투자 정보를 공개하는 것을 꺼리는 투자사라 하더라도 필요에 따라 오프라인 행사에 참석해 어느 정도 자신들의 정보를 공개하는 경우가 많습니다. 궁금한 투자사가 있다면 시간을 내 해당 행사장에 찾아가 보는 것도 하나의 방법이 될 수 있습니다. 지인 네트워크를 활용하는 것도 마찬가지입니다. 해당 투자사에서 투자를 받았거나 관련 정보에 접근 가능한 사람이 있다면 적극적으로 묻고, 또 물어보세요. 대외적으로 공개된 어떤 내용보다도 양질의 정보를 얻을 수 있을 겁니다.

다섯 번째 방법은 '직접 문의하기'입니다. 말 그대로 알고 싶은 투자사에 직접 물어보는 거죠. 콜드 메일을 보낼 수도 있고, 여러 기관이나 단체에서 주최하는 1:1 밋업 등에 참여하는 것도 방법입니다.

당연히 이 방법을 모두 활용하면 좋겠지만, 최소한 첫 번째, 세 번째 그리고 네 번째 방법만큼은 반드시 활용하기를 권합니다. 식상한 말일지는 몰라도 이 표현이 가장 잘 어울릴 것 같아요. 지피지기 백전불태(知彼知己 百戰不殆, 적을 알고 나를 알면 백 번 싸워도 위태롭지 않다).

빨리 준비하세요. 곳간이 마르기 전에

이번 장에서 강조하고 싶은 건 돈줄이 마르기 전에 투자 혹은 지원 사업 자금 유치를 시작해야 한다는 겁니다. 먼저 투자 유치를 시도하는 기업은 대개 다음 5단계 과정을 거쳐 최종적으로 계약을 맺게 됩니다.

1단계	2단계	3단계	4단계	5단계
투자 후보 발굴	사전 미팅	IR 피칭	(예비 및 본) 투심위	계약 검토 및 협상

물론 이 단계를 모두 다 똑같이 거치게 되는 것은 아닙니다. 투자사 혹은 투자자마다 요구하는 절차가 조금씩 다르기도 하고, 특히 초기 투자사의 경우 이 단계를 간소화하여 진행하는 경우도 많죠. 하지만 대부분 기업이 이 5단계를 거치는데요. 단계별로 살펴볼게요. **1단계 투자 후보 발굴**은 말 그대로 투자 후보, 즉 우리와 제품에 관한 자료 검토를 통해 첫 미팅 진행 여부를 결정하는 단계입니다. 초기 스타트업들이 넋두리처럼 '투자사 여기저기에 연락을 했는데 만나보지도 못했다'는 이야기를 하는 건 그들이 첫 번째 단계도 통과하지 못했다는 뜻이죠. **2단계는 사전 미팅**은 대체로 투

자사 내 실무 담당자들과 만나 자유롭게 이야기를 나누고, 추후 IR 피칭을 진행할 것인지 결정하는 단계입니다. **3단계 IR 피칭**은 준비한 IR 자료를 가지고 우리 팀과 제품 등을 소개하고, 투자자들의 각종 질의에 답하는 단계입니다. **4단계 예비 및 본 투심위**는 말 그대로 투자를 진행할지 심의하는 단계이죠. 마지막 **5단계 계약 검토 및 협상**은 투자 의사를 전달받은 뒤 투자 계약의 세부적인 조건을 결정하는 단계라고 할 수 있습니다.

매년 통상 수백 개의 기업들이 여러 투자사에 투자 유치를 요청하지만, 실제 투자가 이루어지는 경우는 많아야 십수 개에 불과합니다. 심지어 일부 투자사는 후보군 중 매년 1~2% 정도에만 투자하기도 하죠. 더불어 첫 단계인 투자 후보 발굴 과정에서 실제 투자금이 입금되는 데까지 6개월 정도가 소요됩니다. 긴 경우에는 1년 이상이 소요되기도 하죠. 다시 말해, 투자를 받기도 쉽지 않고, 실제 자금을 수혈받는 데까지 시간도 오래 걸린다는 뜻이죠.

지원 사업도 마찬가지입니다. 1~2개월 정도 지원 기간을 두는 것은 물론, 지원 절차를 모두 통과해 선발이 되더라도 협약 진행 등 각종 내부 절차를 거치다 보면 실제로 지원금을 사용할 수 있는 시점은 지원한 날로부터 3~4개월이 지난 경우가 대부분입니다.

투자를 받기로 결정했다면 혹은 지원 사업에 도전하기로 결심했다면, 여러분이 생각한 것보다 조금 더 빨리 준비를 시작해야 합니다. 곳간이 마르기 전에 곳간을 채울 준비를 해야 한다는 이야기죠.

How To Do
투자 계획 구체화하기

▶ 템플릿 : bit.ly/4962Yuh

1. **현재 자금을 수혈받을 수 있는 상태인가요? 그렇다면 지원받을 수 있는 사업은 무엇이 있을까요?**

    · 나는 (예비 창업자 / 3년 이내 창업자 / 3년 초과 7년 이내 창업자) 예요.
    · 나는 중소기업을 폐업한 이력이 (있 / 없)어요.
    · 현재 지원 가능한 지원 사업은 (　　　　) 프로그램이에요.

2. **투자를 받을 경우 우리 사업과 시너지를 낼 수 있는 투자자 혹은 투자사가 있나요?**

    · 투자를 받으면 시너지를 낼 수 있는 투자자 혹은 투자사가 (있/없)어요.
    · 시너지를 낼 수 있는 곳(혹은 사람)은 (　　　　) 이에요.
    · 시너지를 낼 수 있는 이유는 다음과 같아요.
    _____
    _____

3. 사업계획서를 구성하는 4가지 요소

What To Do
- 참고하기 적합한 IR 자료는 어떤 것이 있는지 찾아본다.
- 우리 팀 또는 회사를 위한 IR 자료를 만들어 본다.

　이제 투자 유치를 위한 마지막 준비 단계입니다. 투자를 받기 위해서는 사업계획서가 꼭 있어야겠죠. 우리에게 투자할 사람들을 설득해야 하니까요. 정부 지원 사업을 신청할 때도 마찬가지입니다. 우리를 뽑아줄 사람을 설득할 자료가 준비되어 있어야 해요.

　사업계획서를 쓸 때 가장 좋은 방법은 잘 쓴 다른 사람의 문서를 보고 그 작성 방식 혹은 구성을 따라가는 겁니다. 흔히 스타트업 사이에서 '잘 썼다'고 회자되는 문서가 몇 개 있는데요. 그중 에어비앤비가 2008년에 작성한 IR 자료가 초기 단계에서는 적용하기 아주 매력적입니다 (slideshare.net/PitchDeckCoach/airbnb-first-pitch-deck-editable). 짧고 간결하지만, 필요한 내용은 모두 담겨 있죠. 바로 문제, 시장, 제품 그리고 팀입니다. 에어비앤비의 IR 자료는 14장에 불과하니. 장표를 하나하나 뜯어 보면서 함께 이야기 나눠볼게요.

첫 번째 구성 요소 : 문제

여러 번 반복해서 설명하고 있지만 우리가 해결해야 할 일은 오직 한 가지입니다. 고객의 문제를 찾고 해결해 주는 일이죠. 투자를 받기 위한 자리에서 우리가 가장 먼저 보여 줘야 할 것도 이거예요.

에어비앤비는 IR 자료에서 고객의 문제와 자신들이 찾은 해결책에 관한 내용을 총 3장으로 설명합니다.

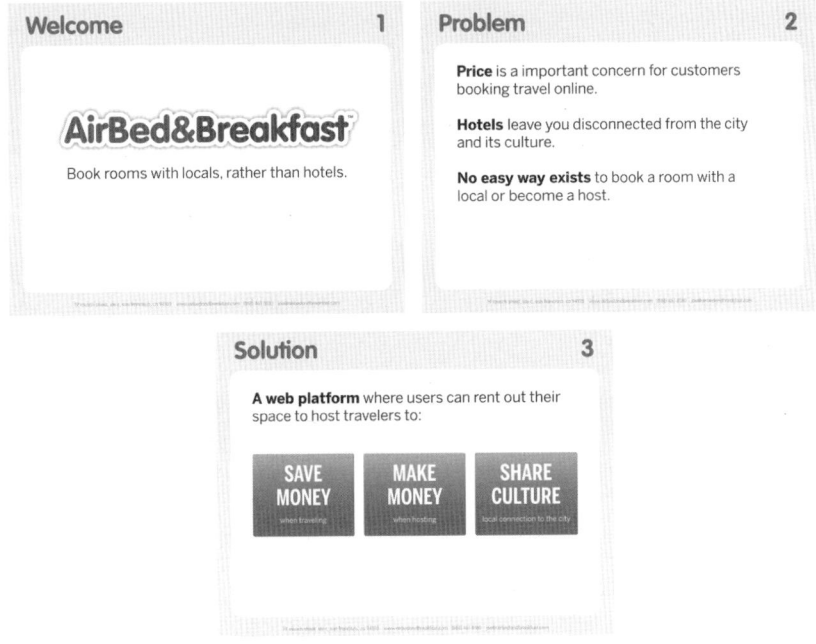

'에어비앤비' 고객의 문제와 해결책(출처 : AirBnB Pitch Deck)

우선 첫 페이지에는 서비스명과 해당 서비스의 한 줄 소개가 담겨 있습니다. 이 한 줄 소개가 결국 이들이 찾은 문제의 해결책입니다. '호텔이 아닌 현지인의 방을 예약하는 서비스'라는 거죠. 에어비앤비의 창업자들은 왜 이런 해결책을 떠올렸을까요? 두 번째 페이지에서 볼 수 있는 것처럼 고객 혹은 잠재적 사용자들이 크게 3가지 문제를 겪고 있기 때문이었어요. 호텔을 빌리려니 가격은 비싼데 지역의 문화와 동떨어진 경험을 하는 경우가 많고, 현지의 숙소를 빌리거나 빌릴 수 있는 대안은 마땅치 않았죠. 창업자들은 그 해결책으로 돈도 아끼고, 지역의 문화도 체험할 수 있으며, 심지어 조금만 시간을 들이면 돈까지 벌 수도 있는 플랫폼을 만들게 되었습니다. 바로 '에어비앤비'죠.

두 번째 구성 요소 : 시장

사업계획서에 들어가야 할 두 번째 요소는 '시장'입니다. 문제를 찾았지만 그게 전 세계에서 고작 10명만 겪는 문제라면 어떨까요? 문제를 겪는 사람이 최소한 빌 게이츠 같은 부자들이 아닌 이상 또 그들이 억만금을 주더라도 그 문제를 해결하고 싶다는 생각을 갖지 않는 이상 아무리 멋진 해결책을 제시한다 한들 부자가 되기는 어려울 겁니다. 때문에 우리는 그 문제를 얼마나 많은 사람이 자주 경험하는지 설명해 주어야 합니다.

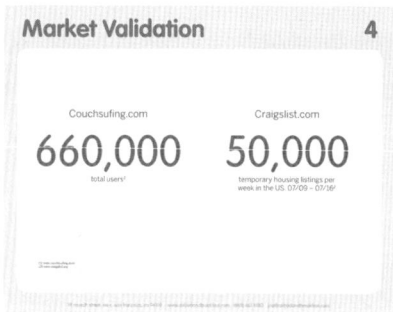
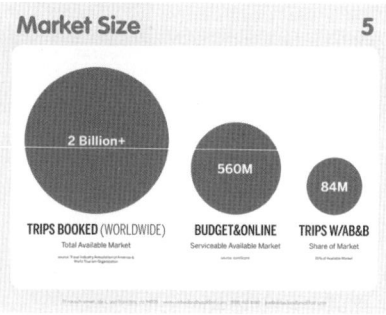

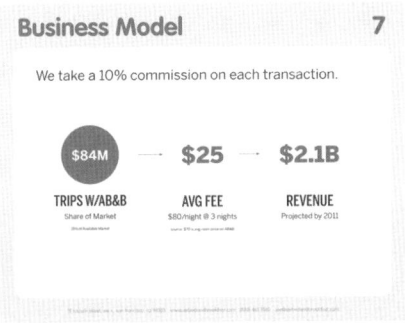

'에어비앤비'의 시장 규모(출처 : AirBnB Pitch Deck)

에어비앤비는 4, 5, 7페이지에서 이 내용을 설명하고 있습니다. 경쟁사 혹은 관련 있는 제품의 성과를 통해 얼마나 많은 사람이 우리 제품을 사용할지 예측치를 보여 주는 거죠.

이때 흔히 우리가 앞에서 살펴본 TSS, Tam-SAM, SOM이라 불리는 시장 규모 표기 방식을 씁니다. T는 TAM, 즉 '전체 시장', S는 SAM으로 전체 시장에서 우리가 추구하는 비즈니스 시장 규모, 즉 '유효 시장'을 말합니다. 마지막 S는 SOM, '수익 시장'을 말합니다. 유효 시장에서 초기에 빠르게 확보할 수 있는 시장의 규모를 이야기하죠. 이 단계에서 얼마나 큰 시장을 바라보는지, 그 시장을 바라보는 이유가 얼마나 명확한지 보여 주어야 투자자 혹은 심사위원을 설득할 수 있습니다.

마지막으로 7페이지에선 그 시장에서 어떻게 돈을 벌지 설명합니다. 짧고 간결합니다. 수수료 10%를 가져가겠다는 거죠. 물론 BM Business Model 을 반드시 짧고 간결하게 설명할 필요는 없습니다. 세상 돈 버는 방법이 모두 이렇게 단순하기만 한 건 절대 아니니까요. 그저 우리가 무엇을 보여 주고자 하는지만 명확하게 설명할 수 있으면 됩니다.

세 번째 구성 요소 : 제품

세 번째 요소는 '제품'입니다. 문제와 해결책도 확인했고, 시장도 보여 줬으니 대체 어떤 제품으로 돈을 벌 건지 보여 줘야겠죠. 몇 년 전까지만 해도 아직 제품이 출시되지 않아도 좋은 아이디어만 있다면 투자를 받거나 지원 사업을 유치하는 경우가 종종 있었는데요. 최근에는 그런 경우를 보기가 어렵습니다. 하지만 괜찮습니다. 우리는 이미 앞선 과정을 지나며 고객의 지갑을 열 수 있는 제품을 만들었으니까요.

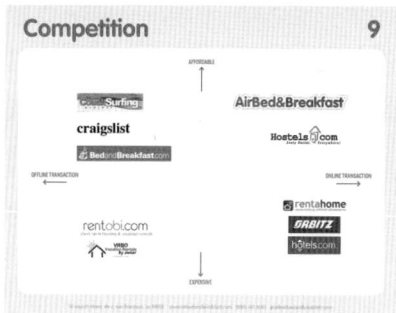

'에어비앤비'의 장점과 특징(출처 : AirBnB Pitch Deck)

먼저 우리 제품이 가진 특징부터 설명해야겠죠. 에어비앤비는 5분짜리 피칭을 위해 1페이지로 간략하게 작성했지만 반드시 그럴 필요는 없습니다. 2~3장 정도로 설명해도 좋고, 필요하다면 제품을 실제로 보여 주어도 괜찮습니다.

다음으로는 이 제품이 어떤 장점이 있는지 설명해야겠죠. 사분면을 그려 경쟁 제품과의 상대 우위를 한눈에 보여 주거나 특장점을 알려 주거나 비교 표를 보여 주어도 좋습니다. 물론 둘 다 보여 주면 가장 좋습니다. 사분면은 설명이 아쉽고, 표는 제품을 잘 모르는 사람 입장에서 보기엔 눈에 잘 안 들어오거든요. 상호 보완하는 거죠.

다음으로는 이 좋은 제품을 어떻게 팔 것인지 알려 주어야겠죠. 마케팅 계획을 적는 거예요. 구체적으로 방법론을 설명해 주어도 좋고, 가용할 수 있는 채널이 존재한다면 더더욱 좋습니다. '아, 이렇게 하면 우리가 투자 또는 지원을 했을 때 빠르게 성과가 날 수 있겠네'라는 생각이 들도록 만들어주세요.

마지막으로는 고객과 언론의 평가를 적어 두었어요. 당연히 좋은 말만 적어놨겠죠. 사실 언론 평가보다 고객 평가가 훨씬 중요합니다. 이렇게 내용을 정리해서 보여 줄 수 있으려면, 그보다 훨씬 더 많은 사용자를 직접 만나고 소통했다는 이야기일 테니까요.

여기까지 읽고 아마 눈치 챈 분도 있을 거예요. 맞아요. 우리는 지금까지 10회에 걸쳐 사업계획서의 4분의 3, 분량으로 따지면 거의 85%를 완성할 수 있는 무기를 마련했습니다. 우리가 사업계획서를 작성하는 이유는 분명 자금을 얻기 위해서예요. 하지만 그 목표를 달성하기 위해 중요한 건 그럴듯한 디자인의 PPT 혹은 워드 파일로 된 문서를 만드는 것이 아닙니다. 우리 팀과 제품을 구체적으로 이해하고, 이를 조금 더 나은 방향으로 발전시키기 위한 비전을 제시해야 하죠. 앞선 단계를 잘 거쳤다면, 여러분은 이미 좋은 자료를 만들 준비가 된 상태라고 할 수 있을 겁니다.

네 번째 구성 요소 : 팀

초기 투자 단계에서 무엇보다 중요한 것이 있다면 바로 팀입니다. 실제로 제가 첫 사업을 시작했을 때 저희에게 투자한 어느 투자자분은 "나는 팀만 봐요."라고 이야기하기도 했죠. 사업을 시작한다는 건 앞으로 계속 암초에 걸려 좌초될 위기를 겪게 될 거라는 이야기와 같아요. 계획을 변경하고, 변경한 계획을 다시 현실로 만들기 위해 눈코 뜰 새 없이 바쁘게 움직여야 하죠. 이 때문에 위기를 함께 돌파하고, 더 빠르게 성장할 수 있는 팀을 갖추는 것이 무엇보다 중요합니다.

그럼에도 앞서 팀에 관한 이야기를 하지 않은 건 여기에 정답이 없기 때문이에요. 그동안 쌓아온 관계에서 동료를 찾을 수도 있고요. 우연히 좋은 동료를 만나게 될 수도 있어요. 예를 들어, 저와 두 번째 사업부터 지금까지 쭉 함께한 김재원 공동대표는 원래 역사를 공부하는 연구자였습니다. 이분은 제가 막연히 인문 분야의 교육, 콘텐츠 사업을 하고 싶다는 생각을 할 무렵, 가까운 친구가 만든 술자리에서 처음 만났어요. 1시간쯤 이야기하고, 그냥 같이 사업하자고 얘기를 꺼냈습니다. 당황하시더니 왜 그러냐고 하더라고요. 우리가 풀고 싶은 문제가 비슷하고, 서로 가지지 못한 것을 갖고 있어서 시너지가 날 것 같다고 이야기했죠. 제 설명을 듣더니 가족과 함께 조금 더 고민해 보겠다고 하셨고요. 다음 날 아침 일찍, 함께해 보자고 연락이 왔습니다.

당연한 이야기지만 이후에 부침이 많았습니다. 거의 망할 뻔 한 적도 있었고요. 더 이상 할 수 있는 게 없다는 생각이 들 때도 많았죠. 그때마다 때로는 제가, 때로는 김재원 대표가 다시 해보자고 이야기했어요. 그 덕에 어쨌든, 저희는 지금까지 계속 도전하고 또 다음 단계로 넘어가고 있습니다. 최근에 또 한 번의 투자를 받았고, 매출도 꾸준하게 늘고 있죠. 좋은 동료를 만날 기회는 어디서 나타날지 모릅니다. 꾸준히 탐색하고, 여러분의 목표를 끝까지 함께할 최고의 동료를 만나세요.

'에어비앤비'의 팀 소개(출처 : AirBnB Pitch Deck)

만약 그런 동료를 만났다면 해당 장표도 함께 작성해야겠죠. 개개인의 성과나 커리어를 과장할 필요도 없지만, 설명하지 않을 이유도 없습니다. 성공 사례와 업력 등을 구체적으로 정리해서 보여 주세요. 여러분의 동료가 얼마나 매력적인 사람인지 이야기해 주면 되는 거예요. 더불어 풀타임으로 함께하는 사람이 아니더라도 우리 사업에 도움이 될 사람들이 있다면 그 내용도 간략하게 적어주세요.

결론 : 그래서 얼마가 필요한데?

마지막입니다. 우리가 사업계획서를 만드는 이유가 뭐였죠? 돈 받기 위해서였죠. 에어비앤비 IR 자료의 마지막 장은 그 목표를 위한 내용이 담겨 있습니다. 지금 우리 목표를 달성하기 위해선 얼마가 필요한지 적어야 합니다.

'에어비앤비'의 원하는 투자금(출처 : AirBnB Pitch Deck)

엔젤 혹은 시드 투자, 시리즈 A, B, C 투자 등 단계별로 펀딩을 진행하는 운용사들이 존재하고, 대개 그 단계에 맞는 가치 측정 기준과 지급 규모 등이 어느 정도 정해져 있습니다. 이 부분을 미리 확인해야 해요. 4가지 구성 요소를 모두 갖춘 상태에서 납득할 만한 금액과 지분율을 제시한다면 분명 여러분에게도 좋은 기회가 찾아올 겁니다.

How To Do

사업계획서 작성하기

▶ 템플릿 : bit.ly/4962Yuh

사업계획서에 들어가야 할 개요를 적어 보세요. 각 요소를 한 문장으로 요약하여 흐름을 먼저 잡는 것이 좋습니다.

항목	한 줄 요약
창업 아이템 개요	
1. 문제 인식	개발 동기, 목적 : 고객의 정의와 문제 발견
2. 해결 방안	개발, 사업화 전략 : 비즈니스 모델, 제품 구현 정도, 제작 방법, 추진 일정
	시장 분석, 경쟁력 확보 방안 : 경쟁사 대비 우위 요소, 차별화 전략
	검증 결과 : MVP(최소기능제품) 테스트 결과, 지표

항목	한 줄 요약
3. 성장 전략	자금 소요 및 조달 계획
	시장 진입 및 성과 창출 전략 : 마케팅 및 시장 확장 전략
4. 팀 구성	팀의 보유 역량

에필로그

얼마 전, 제가 좋아하는 철학자 중 한 명인 칼 포퍼 Karl Popper 의 마지막 책 《삶은 문제해결의 연속이다》가 재출간됐습니다. 국내에선 15년 전 출간된 뒤 절판되었다가 이번에 새로 나온 거였죠. 대단한 철학 이론이 담겨 있는 책은 아니고요. 생전에 했던 여러 주요 강연, 수상 소감 같은 것들이 모여 있는 책입니다. 칼 포퍼는 책과 같은 제목의 강연 <삶은 문제해결의 연속이다>에서 이런 말을 했습니다. "반드시 자신의 실수에서 배워야만 한다."라고 말이죠.

물론 이건 사업과는 관계없는 말이었어요. 오히려 인간의 삶 전체에 대한 회고에 가까웠죠. 포퍼는 잘못된 일, 악한 일만 가득하다고 말하는 이 세상이 실제로는 전보다 훨씬 좋아진 곳이라는 사실을 알아야 한다고 말합니다. 그리고 그 좋아진 세상이 절대로 그냥 온 것이 아니라는 사실을 잊어서도 안 된다고 말하죠. 포퍼가 생각하는 '좋아진 세상이 온 이유'는 명확해요. 실수하고, 그 실수를 해결하는 오류 수정 과정을 무한 반복했기 때문이라는 것입니다.

당연한 이야기지만, 인간 사회는 늘 오류투성이였습니다. 오랜 세월 인간은 인종, 성별, 계급 등에 따라 서로를 차별했고요. 이 문제를 고치기 위해 수많은 사람이 자신을 희생해 한 발, 한 발 나아갔죠. 신이라는 이름의 절대자를 핑계로 누군가를 착취하는 사람들이 생겨나기도 했어요. 다행히도 이를 해결하기 위해 다시 많은 사람이 행동에 나섰습니다. 그리고 그 덕에 세상은 한발 더 나아갈 수 있었고요. 여전히 불완전하고, 부족하고, 잘못된 것 가득한 세상이지만 각자의 분야에서 오류를 고쳐 나가는 사람들 덕분에 아주 조금씩 나은 세상이 되어가고 있습니다.

우리가 숨가쁘게 달려온 이 일, '신사업'의 본질도 저는 이 오류 수정의 과정에 있다고 생각합니다. 여러분 모두 각자의 머릿속에 멋진 아이디어를 가지고 이 작업을 시작하셨을 거예요. 만약 아이디어가 없었더라도 내 이름이 담긴 제품으로 무언가 멋진 일을 만들고 싶다는 생각을 하셨겠죠. 그리고 책의 과정을 잘 따라왔다면 짧지만, 가볍지 않은 과정을 거치며 나름의 자신감을 가지게 되셨을 거고요. 좋습니다.

하지만 그보다 더 중요한 게 하나 있습니다. 바로 오류를 수정해야 한다는 사실이에요. 안타깝지만, 우리가 앞으로 가장 자주하게 될 일은 바로 '실수'일 겁니다. 사소한 실수는 끊임없이 할 거고요. 생각보다 큰 실수를 하는 바람에 한동안 정신 못 차리고 휘청거릴 수도 있죠. 예상 밖의 일도 겪을 거예요. 사람에게 실망하는 일도 있을 거고, 고객의 말도 안 되는 컴플레인 때문에 몇 날 며칠을 까먹을 수도 있죠. 제품 오류로 문제가 생기는 때도 있을 겁니다. 하루에도 몇 번씩 천당과 지옥을 넘나드는 느낌이 들 거예요. 그 수많은 문제를 지치지 않고 해결해 나가야 합니다. 잘못이든, 실수든, 오류든, 천재지변이든 관계없이 말이죠. 그런 세계에 오신 여러분, 모두 환영합니다!

그럼에도 불구하고 제가 확실히 말씀드릴 수 있는 건, 그런 과정을 끊임없이 거치다 보면 어느 순간 한 단계 성장한 나 그리고 우리 회사를 만날 수 있을 거라는 겁니다. 저 역시 마찬가지였어요. 사업인지도 모른 채 사업을 시작했고요. 즐겁고 기쁘고 축하할 일보다는 힘들다는 말을 해야 할 일이 더 많았죠.

그래도 그 과정을 끊임없이 거친 뒤 그러니까 문제 해결 과정을 반복한 뒤 얻은 열매들은 꽤 달콤합니다. 함께 믿고 나아갈 수 있는 동료들을 얻었고요. 모두가 '돈 안 된다'고 말하는 분야에서 어떻게 하면 돈 벌 수 있는지도 조금은 알게 됐죠. 가야 할 길이 멀고, 해결해야 할 문제투성이지만 그리 불안하지는 않습니다. 주어진 문제를 반복해서 풀다 보면 다시 또한 발 나아갈 수 있으리라는 믿음이 이제는 생겼거든요.

  앞서 나눈 모든 이야기는 어쩌면 대단한 성공을 이루는 방법이라기보다는 제가 가까스로 얻은 나름의 믿음을 얻는 방법에 불과한지도 모릅니다. 누군가에게는 조금 아쉬운 결론일지도 모르지만, 그 믿음이 있느냐 없느냐가 성공 가능성을 판가름한다는 사실을 앞으로 오래오래 기억하며 나아가길 바랍니다. 자주, 많이 실수하길. 그리고 그 실수와 오류들을 잘 해결하며 성장하길 기원하겠습니다. 감사합니다.

찾아보기

ㄱ

가설 ··· 144
가입 전환율 ······························ 150
가짜 문 프리토타입 ··················· 121
검증 ··· 153
경쟁사 ······································· 82
공공 데이터 ······························· 70
구글 ·· 52
그로스 ····································· 151
기관 투자사 ····························· 171

ㄴ

노코드 툴 ································ 123
뉴스레터 ··································· 83

ㄹ

런웨이 ····································· 167
리텐션 ····································· 151
링크드인 ··································· 52

ㅁ

마이피플 ··································· 30
마케팅 채널 ····························· 105
모빌리티 ··································· 78

목표 ·· 56
미케니컬 터크 ·························· 119

ㅂ

벤처캐피탈 ······························· 164
블록체인 ··································· 78
블루닷 ····································· 125
비상장사 ··································· 82
비전 ·· 44
비즈니스 모델 ···························· 47
빈도 ·· 153

ㅅ

사업계획서 ······························· 176
상표 바꾸기 프리토타입 ············ 123
샤이 트럼프 ······························· 94
수요 ·· 98
수익 시장 ·································· 78
수치화 ····································· 150
스타십 ······································ 02
스터디헬퍼 ······························· 104
스페이스 엑스 ··························· 02
슬랙 ·· 84
시드 투자 ································ 164
시리즈 투자 ···························· 164

시장	75
심층 인터뷰	109

ㅇ

아마존	24
아이디어 도출	68
아하 모멘트	147
알렉사	25
애플	47
애플 리사	47
야나두	138
언리드북	125
에어비앤비	176
엔젤 투자	164
예비창업패키지	170
오픈채팅방	84
와디즈	127
와이콤비네이터	17
외관 프리토타입	121
우버	101
위비톡	71
유튜브 프리토타입	122
유효 시장	78
이케아	52
인공지능 소프트웨어	165
인터뷰	111

ㅈ

잠입자 프리토타입	122
잠재 수요층	93
재도전성공패키지	170
전체 시장	78
정부지원 사업	170
지분율	185
진성 사용자	150

ㅊ

창업도약패키지	170
청년창업사관학교	170
초기창업패키지	170
침묵의 나선 이론	95

ㅋ

카카오톡	30
커머스	78
커뮤니티	107
콘텐츠	78
크라우드 펀딩	126

찾아보기 193

찾아보기

ㅌ

탈잉 ·· 163
테슬라 ·· 02
토스 ·· 150
튜터링 ·· 69

ㅍ

팜 파일럿 ·· 120
페이스북 ··· 150
포털 사이트 ·· 78
프라이머 ·· 70
프로덕트 마켓 핏 ···························· 15, 115
프로덕트 매니저 ···································· 14
프로덕트 오너 ······································ 14
프리 시리즈 ·· 164
프리토타이핑 ······································ 117
프리토타입 ··· 120
프린키피아 ··· 21
피노키오 프리토타입 ··························· 120
핀테크 ··· 78

ㅎ

하룻밤 프리토타입 ······························· 122
헬스케어 ··· 78
호갱노노 ·· 70

활성 사용자 수 ································· 164

A

AARRR ·· 58
Acquisition ·· 58
Activation ·· 58
AI ··· 78
AWS ··· 25

B

B2B ··· 125
B2G ··· 125
BM ··· 179

D

DAU ·· 59

E

EO ·· 17

I

IR ··· 176
IR 피칭 ·· 174

M

MAU 59
MVP 124

N

NRU 59

P

PDA 120
PM 14
PMF 15
PO 14
Pre-series 164

R

Referral 58
Retention 58
Revenue 58

S

SAM 78
Serviceable Available Market 79
Serviceable Obtainable Market 79
SOM 78

T

TAM 78
Think Different 48
Total Addressable Makes 79

X

X 150

그로스 프로덕트

초판 1쇄 발행 2024.03.18

지은이 이준형
펴낸이 이가희
책임편집 엘리스
디자인 박세진

펴낸곳 찌판사
출판등록 2022년 1월 10일 제 2022-000010호
이메일 gahee@newdhot.com

ⓒ이준형

ISBN 979-11-978286-9-0

*이 책은 저작권법에 따라 보호받는 저작물이므로 무단전재와 무단복제를 금합니다.